レベルゼロ

自分を超え続ける「仕事の教科書」

トゥモローゲート株式会社 代表取締役

西崎康平

KADOKAWA

ビジネスという冒険に旅立つその前に。

新しいことに挑戦するとしよう。
はじめは誰もが経験値ゼロからのスタートだ。

最初の街で武器をそろえ、仲間を集め、
冒険の旅に出る準備をする。

準備を整え、街から飛び出せば、
弱い敵を倒しながら強い敵に挑む。
たくさんの謎を解きながら、
少しずつレベルを上げて物語を進めていく。

ビジネスの世界も同じだ。

社会という冒険に飛び出すと、生きていくため、家族のため、
自分の夢を実現するために、自分のレベルを上げていかないといけない。
いきなりラスボスに挑んでも勝てないのと一緒である。

最初から大きな仕事はできないし、
経験値を積みながら着実にレベルアップをしていくしかない。

ビジネスはゲームに似ている。

ゲームに攻略法があるように、ビジネスにも攻略法が存在する。

これからビジネスの世界に旅立つあなたに、
今日は僕の「仕事の攻略法」を公開したい。

僕が社会に飛び出してから、早いもので20年以上が過ぎた。
ここまで決して順風満帆《じゅんぷうまんぱん》なビジネス人生だったわけじゃない。

社会人1年目の営業成績は売上ゼロで最下位だったし、
先輩からは成果を出せずに毎日のように怒られた。

そんな僕でも、少しずつ経験値をためて少しずつ成果を出す力がついた。

「まったく成果が出てなかった僕にでもできた、だから
あなたも真似をすればきっとできる！」と言いたいわけではない。

仕事のやり方には、合う合わないがあるからだ。

僕のやり方があなたに合うやり方だとは限らない。
僕に合わないやり方が、もしかしたらあなたに合うやり方かもしれない。
そんな正解のないビジネスの世界。誰に書いても当てはまらないなら、
「社会人になりたての僕」に向けて書いていこうと思う。
僕がたどりついた仕事のやり方は、僕には必ず合うからだ。

もしもタイムマシーンに乗って、当時の自分にこれまで
仕事を通して学んできた経験を伝えることができたなら、
もっと早く、今の自分にたどりつけたかもしれない。

それはロールプレイングゲームによくある、
ゲームをクリアした後に経験値はそのままでゲームを始める
「強くてニューゲーム」のように。

本書では「成果に必要なビジネス力のレベルアップ」をテーマに、
過去の自分自身に向けて伝えたいことを書いていく。

本文中では「こうやるべきだ」と断定的な表現をしたりもするが、決して「あなたもやるべきだ」と伝えたいわけではない。

あくまでも、「社会人になりたての僕」に伝えているという観点を忘れずに読んで欲しい。

もしも過去の僕へ伝えたい内容が、あなたのビジネスの経験値につながり、レベルアップしてもらえる、そんな〝きっかけ〟になったら、筆者としてこれほどうれしいことはない。

どんなに大きな困難が立ちはだかっても、決して自分に負けないように。

さあ、ビジネスという冒険に旅立つ準備を始めよう。

CONTENTS

CHAPTER 2

行動力をレベルアップ(動ける力を強くする)

CHAPTER 3 思考力をレベルアップ（考える力を強くする）

CHAPTER 4 準備力をレベルアップ（準備する力を強くする）

CHAPTER 5 継続力をレベルアップ（続ける力を強くする）

CHAPTER 6

4つの力を加速させる大切な姿勢

CHAPTER 7

レベルマップで冒険へ旅立つ準備をしよう

はじめに

『レベルゼロ』の上手な読み方

正直な話、最近まで僕はほとんどビジネス書を読んでこなかった。理由は単純、「勉強になりそうだけど難しくて読むのがしんどい」と感じていたからである。

ビジネス書の多くは、難しい言葉や専門用語ばかりが書いてある。本を読むことに慣れていない僕には、とんでもなく敷居が高かった。だから僕は読書よりも、直接人に会って話を聞くことを大切にしてきた。本には絶対書けないような失敗や恥ずかしい話を聞くほうが、もらえる経験値が高いと信じていたからだ。

でも、今では「めちゃくちゃ損していたな」と反省している。

本を読めば、「自分が会えない人の頭のなか」に触れることができるからだ。

本を読めば、知識や言葉の種類が増えるからだ。

これまで本を読んでこなかった僕が言うのもおかしな話だが、本は確実にあなたの経験値を高めてくれる。そんな経験があるからこそ、『レベルゼロ』ははじめてビジネス書を読む人でも読みやすい文章でまとめていきたい。

本を読むようになったきっかけは、二つある。

一つ目は、知り合いの経営者が本を出す機会が増えたことだ。なじみのある彼らの言葉は僕にとって身近で、とても読みやすいものだった。人柄をわかった上でその人の本を読むと、普段言っている言葉や決断の深い意味を改めて知ることができた。

それは、まるで答え合わせのようで「本を読むって面白いな」と思えた。

二つ目は、知り合いの経営者が、「本はすべてを読まなくていい」と教えてくれたことだ。「慣れないやつが細かく読んでもすぐに忘れる、まずは気になるところだけを選んで読め」と教えてくれた。

たしかにその通り。

「これまで読んできた本のすべてを事細かに覚えているか」と問われると、まったくそんなことはない。むしろ、覚えているのは自分のなかで「大切だな」と感じたいくつかのポイントばかりだった。実際、今の仕事に活かされているのも、その大切なポイントばかりだった。

それからは、本をほとんど読まなかった僕が、月に数冊は読むようになったのだ。

もちろん、生身の人間から聞くリアルな話は貴重だ。ただ本の魅力は、普段会えない人の知識や体験にまで触れられるところにあると思う。最初はなかなか難しくてとっつきにくくても、まずは流し読みでもいいから始めてみよう。

本書で実現したいことは、

①最短で基本的なビジネススキルをレベルアップ
②ゴールから逆算したアクションができるようになる

この二つだ。繰り返しになるが、この本は「これからビジネスの世界に飛び立つ」、もしくは「飛び立ったがなかなか思うような成果が出ていない」、そんなビジネス初心者だった自分に向けて書いている。成果の出ている人は、今すぐこの本を閉じてもらって構わない。

すでに成果を出している人からしたら、当たり前の内容しか書いていないからだ。

逆に言うと、それくらい成果を出すためにやるべき基本的なことは決まっている。この基本を土台に「自分らしいやり方をどれだけ作れるか」が大きな差になっていくはずだ。

すべてを読み込む必要はない。まずは目次をパラパラとめくり、「ここ知りたいな」と思う箇所だけでいいから読んでみよう。**各項の冒頭に「大切な考え方と行動の答え」をまとめている**。時間がない人はそこだけを拾い読みしたっていい。これならたった15分で『レベルゼロ』を読むことも可能だ。

第1章〜第6章までは、成果を出すために必要な考え方や具体的なアクションを伝えている。言わば「インプット」の章。そして、第7章はそこで得たものを試し、あなた自身がどれだけ成長できたのか効果測定できるようにまとめている。つまり、「アウトプット」の章だ。

読んで終わりのインプットだけではもったいない。インプットしたものをアウトプットし、これまで以上の成果につなげることが、この本の上手な活用法となるはずだ。

レベルアップに必要な4つの力

本題に入る前にまずは考えてみて欲しい。

「ビジネスで成果を残すために必要な力とは何なのか」を。仕事には責任感が必要だったり、商品やサービスの知識が必要だったり、お客様の課題を解決するための提案力が必要だったりするかもしれない。

おそらく、挙げればキリがないほど多くの「必要な力」というのが出てくるはずだ。

それだけ仕事は奥が深いし、簡単なものでもない。すべてを鍛えようとすれば何年、何十年という時間がかかると思う。ゴールのない答えを追いかけ続けることは、冒険の旅に出たことがない初心者にとってちょっと荷が重すぎる。

でも安心して欲しい。何事も基本が大切であるように、ビジネスにも土台となる基本が存在する。このビジネスの基本は、勉強だろうとスポーツだろうと通用する。成果を残すために必要な力として、すべてに応用できるものだ。

僕が学んだ、成果を残すために必要な基本スキルは4つ。

行動力（動ける力）＋思考力（考える力）＋準備力（準備する力）＋継続力（続ける力）＝成果に必要な基本スキル

この基本スキルを鍛えることができれば、あなたの仕事力は確実にレベルアップする。「いやいや、そんな当たり前のことなんて誰でもわかってるよ」そんな声が聞こえてきそうだ。でも、成果が出ない人はこの4つの力の何かが足りないことがほとんど

4つの基本スキル

CHAPTER 2

行動力
（動ける力）

CHAPTER 3

思考力
（考える力）

CHAPTER 4

準備力
（準備する力）

CHAPTER 5

継続力
（続ける力）

＼ 成果 ／

どだ。

まず鍛えていきたい力は**「①行動力」**である。

なぜ行動力が最初に重要なのか。

答えは「成果は行動からの結果でしかない」からである。この①がなければ、ほかの力がどんなに優れていたとしても成果を作ることはできない。

「ちゃんと考えて行動しないといい結果が出ないでしょ」そんな意見もあるかもしれない。ただ僕はこの考えをおすすめしない。なぜなら、やったことがないことをいくら考えたところで、答えなんてわかるわけがないと思うからだ。

はじめて営業をやる人が、「どうやったら契約が取れるか」を考えたとしよう。でも、相手がどんな応対をしてくるのかは、体験したことがなければ、考えたところでわからないはずだ。相手が納得する営業トークを考えようにも、事例がないから判断のしようがない。「じゃあ、先輩にあらかじめすべての事例を聞いてから営業しよう」と考えたとしても、現実的ではない。その時間があるなら、自分で生の顧客とぶつかったほうが早い。失敗してもいいから、自分の体験で事例を重ねたほうがいい。

誰かに聞いた体験と、自分で得た体験には得られる経験値に雲泥《うんでい》の差がある。そう思ったほうがいい。

行動力がなければ、行動から得られる成功や失敗といった情報もない。だから、思考力も活かせない。準備に時間をかけたところで、的を射た準備をすることができない。行動していないわけだから、続けることもできない。

新しいことに挑戦しようとする時、考えて考えまくって、準備に時間をかけすぎて、結果、行動できない。行動できないから、継続もできない。そんなビジネスパーソンは多い。だからまず、第2章で「①行動力」のレベルアップに取り組んでいく。

次に鍛えるべきは**「②思考力」**だ。

行動力が高まると、行動から生まれる多くの情報が得られる。つまり、考えるための材料が集まることになる。「なぜこの企画は通って、この企画は駄目だったのか」、「どんな提案をすれば相手に納得してもらえたのか」行動によって得られた質の高い情報こそが、考える力を高めてくれる。

仕事の上手なビジネスパーソンは、行動力と思考力の両輪を並行しながら高速で回すことができる。つまり、やりながら考えるということだ。思考力のレベルが上がれば、おのずと行動力のレベルも高まる。結果、さらにいい情報が手に入ることで思考力も上がる、という好循環を生み出すことができる。

その次は**「③準備力」**を高めていこう。

これから社会に出ると、大切な商談や社内会議、部下や後輩の教育などあなたの成果が求められる場面に、数多く直面していくことだろう。

成果は準備力で決まる。そう言い切っていいほど、準備する力は重要だ。

「それなら行動力や思考力よりも先に、準備力を鍛えたほうがいいんじゃないか」と思う人もいるかもしれない。しかし、行動力と思考力を通して得た経験や情報がそろってからのほうが、いい準備につながる。準備とは「必要になるものを前もって用意すること」だが、経験や情報がたまっていないと、必要になるものを予測できないからだ。

ただし、これには例外があることを覚えておこう。

ビジネス初心者には行動力、思考力、準備力の順番をおすすめする。しかし、ある程度レベルアップし、仕事の成果の出し方がわかってくると、準備力の優先順位が一番になる。

準備を進めた上で、成果に最短で結びつく行動と思考を戦略的に実行していかなければいけないからだ。あくまで「最初はどれだけ考えて、準備万端にしようとしても、経験がないと、わからないことのほうが多いでしょ」という考え方である。

最後に重要なのが**「④継続力」**だ。

行動力、思考力、準備力をうまく回せるようになったとしても、それをすぐにやめてしまっては成果が出ない。

成果を出し続ける経営者たちに「なぜそんなに成果を出し続けられるんですか」と質問したことがある。彼らは決まって「諦めずに最後まで続けたからだよ」と返してくれる。

続ける力は最大の武器。でも、決めたことをやり続けるのは簡単なことじゃない。

「どうすれば継続できるのか」

「どうすれば途中で投げ出さないのか」

この継続力の経験値を高めることで、あなたのビジネススキルはさらにレベルアップすることになるはずだ。

常識と非常識の掛け算で突き抜けよう

4つのビジネススキルに加えて、この本で伝えたいことがもう一つ。

行動力、思考力、準備力、継続力が鍛えられるとビジネスで成果を生み出す力はつくことだろう。ただし、これだけでは「突き抜けた成果」にはならない。あくまで、

「一般的なビジネスパーソンと比較していい成果を残せる」というレベルでしかないだろう。

「突き抜けた成果」を出すために、レベルの高いビジネスパーソンが実践していることと、それが**「常識と非常識の掛け算」**である。

スポーツでもそうだが、誰かが練習しているメニューを同じように練習しているだけでは追い抜くことはできない。ここで言う「突き抜ける成果」とは、誰もが成しえることのできない圧倒的な成果のことだ。

僕自身もまだまだ経営者としては未熟だ。ほかの企業と比べて突き抜けられているわけでは決してない。ただ、比較するのが「当時の自分」の場合、「大きく成長することができた」と自信を持って言える。

これから伝える常識とは「誰もが当たり前に大切だと思うビジネスの常識」である。

非常識とは「誰もが当たり前じゃないと思うビジネスの非常識」である。

誰もが「当たり前に大切だと思うビジネスの常識」を当たり前以上に徹底してやり抜く。そうすれば、同じことをやっている同じようなビジネスパーソンと差をつけることができる。

さらには「誰もが当たり前じゃないと思うビジネスの非常識」も徹底してやり抜く。そうすれば、誰もが取り組んでいないわけだから、当然、これまでにない差をつけることができる。

結果として「突き抜けた成果」になるというわけだ。

これから準備運動の章に始まり、行動力、思考力、準備力、継続力とそれぞれのレベルアップを目指していく。各章では、それぞれの項目で大切な常識と非常識を掛け合わせながら説明していこうと思う。

当たり前のことを当たり前以上に徹底すること。
当たり前じゃないことに挑戦し大きな差を作ること。

誰もがやっていることを突き抜けてやりきることは大切なこと。
誰もやっていないことに挑戦することも大切なこと。
常識と非常識の掛け算で、圧倒的な成果を目指していこう。

ブラックな社長の自己紹介

ここで改めて自己紹介させて欲しい。

僕は大阪・東京を拠点に企業ブランディング事業を展開するトゥモローゲート株式会社の代表をしている。簡単に言えば、「どんな会社創りをすれば、もっとファンが増えるのか」を企業のビジョンに沿ったカタチで考えて、会社の中身と外見をコンサルティングとデザインで支援する会社である。

1982年4月2日福岡県生まれ。同年代で一番早く生まれたせいか、子供のころは歩き出すのも、しゃべるのも、かけっこも一番早かった。これが負けず嫌いな性格の理由だろう。

そんな環境もあってか、勉強もスポーツも中学校くらいまでは、バスケ部でキャプテンをしたり、生徒会長をやったりとうまくこなしていた。でも、長くは続かなかった。

高校は中学校の内申点だけで行った。いわゆる進学校だったが、最初の学力テストで240番中236番だった。一度「できない」とわかると飽《あ》き性《しょう》の性格からか、まったく勉強もせず、小学校から続けていたバスケもやめた。以降、ただダラダラと学生生活を送ることになる。

2005年4月、新卒で人材コンサルティング会社に入社した。業界に興味があったわけではない。起業への近道だと考えたからだ。大学3回生の時、周りがあわただしく就活を始めたのを目《ま》の当たりにし、はじめて将来のことを考えた。

当時、色々な会社を見てみたが、どれもしっくりくるところがない。重い腰を上げて始めた一度目の就活はすぐにやめた。ほかの人と同じように就活して、有名な会社や、大きな会社に入ることが合わないと感じたからだ。スーツも着たくないし、満員電車にも乗りたくない。「決められた時間に会社に来い」と言われるのも、束縛されてるようで嫌だ。「年功序列なんてどうやって仕事のやる気を出したらいいんだろう」と率直に疑問に思った。

もちろん、有名な会社や大きな会社が悪いわけではない。ただ単純に自分の性分に合わないだろうなと感じた。ただそれだけの話だ。だからといって、なんとなく小さな会社に入りたいという気持ちにもなれなかった。

「そうだ。それなら自分で好きに働ける会社を、自分で創ったらいいんだ」

就活を休んでぼけっとしていた。そんな大学4回生の秋に起業を決意した。もちろん、起業経験もなければビジネス経験もない。やったことがあることといえば、7年間続けたピザ屋のバイトくらいだ。

このままでは絶対にうまくいかない。起業した経験がない僕でも、そのくらいのことはわかった。だから、まずは起業する力が身につく会社に入ろうと思い、人材コンサルティング会社の門をたたくことになった。今でもそうだが、リクルートという会社は日本で一番経営者を輩出している会社だ。

残念ながら当時、リクルートの採用はすでに終わっていた。なので、同じく求人広告を扱う広告系ベンチャー企業に入社することになった。

新卒時代の僕の営業成績はぶっちぎりの最下位だった。元々あがり症で、人前に出るとまったくしゃべることができない。周りの同期はとても優秀でその差に焦りを感じた。私は「聞けない、話せない、提案できない」という3拍子が見事にそろっていた典型的な駄目営業だった。

周りの同期や後輩までもが着実に成果を残していくなかで、まったく成果を残せなかった自分は、ある日うつ病になった。人と話すことが億劫《おっくう》になり、まぶたがズーンと重くなる。会社にも行きたくないし、誰の顔も見たくない。人に会えば、「みんながみんな、自分のこのふがいない姿を見て笑っている」、そんな感覚にまでかられた。

このように、僕のキャリアは決して順調なものではなかった。でも、そこから得た教訓と経験が今の自分をカタチづくっている。どのようにして変わっていったのか。その大きな要因が「成果を生み出す力」だった。結果を出すことで自信が生まれ、仕事がうまく回りだした。決して最初からできていたわけではなかったのだ。

本書は凄《すご》い人が書いた凄い本ではない。**「凄くない人がちょっとだけ仕事の成果の出し方がわかったことを当時の自分に向けて書いた」**という本である。だから、最後まで気構えることなく安心して読み進めて欲しい。

1 CHAPTER

準備《じゅんび》運動《うんどう》の章《しょう》

CHAPTER 1

仕事力《しごとりょく》の常識《じょうしき》

人生《じんせい》で一番《いちばん》時間《じかん》を
使《つか》うのは
仕事《しごと》の時間《じかん》

1-1 | 時間《じかん》を大切《たいせつ》にする

新《あたら》しい挑戦《ちょうせん》に「遅《おそ》すぎる」なんてない
人生《じんせい》における最速《さいそく》は今《いま》やるかどうかだけ

人間に唯一、平等に与えられるもの、それが時間である。

お金持ちになろうと、有名人になろうと、時間をお金で買うことはできない。それは「最も価値ある財産だ」と言っても過言ではないだろう。

その価値ある時間のなかで、人生で一番時間を使うのが仕事の時間なのである。これは実家が大金持ちでお金を稼ぐ必要がないとか、寝てるだけで家賃収入が入ってくるとか、特別な例を除けば、将来仕事に向き合う人すべてに当てはまることだ。

まずは、その**「貴重な時間を仕事に費やす」**という事実を認識して欲しい。

日本人の平均寿命は84歳。

もしもあなたが社会に飛び出す前の20歳ぐらいとしよう。65歳で定年退職するとして、これから45年というとんでもなく長い期間だ。朝8時に家を出て、9時に出勤し

18時まで勤務、1時間残業したとして、家に到着するのが20時ごろとなるだろうか。8時間睡眠をとったとして、起きている16時間のうち実に12時間という大半の時間を、仕事にかかわる時間として投資していくことになる。

人生の大半の時間を費やす仕事の時間を、楽しみながら「成長の機会」とできるか、言われたことを嫌々やるだけの単なる「作業の時間」にするかで、人生の充実度は大きく変わることだろう。

年齢を重ねると「今さら新しいことを始めたところで遅すぎる」という言葉を聞くことが増えてくる。起業をするのもそう、勉強を始めるのもそう、「今からやっても遅いよな」と思いたくなることはあると思う。たしかに誰かと比較すると、「あの人よりは遅い」と思ってしまうかもしれない。

でもね、**限られた人生のなかで、主役はいつも自分だ。**

新しい挑戦に、もし「早い」「遅い」があるとするならば、「今やってみようかな」と思った時に、やるかやらないかの違いだけではないか。だって、人生は「今」の連続でしかないから。もしあなたが、一度諦めてしまった夢を「もう一度やってみようかな」と再び追いかけることができたなら、それはあなたにとって「最速」の選択だった、と僕は思うのだ。

POINT

- 時間を大切にする
- 新しい挑戦に「遅すぎる」なんてない
- 人生における最速は今やるかどうかだけ

仕事力《しごとりょく》の常識《じょうしき》

挨拶《あいさつ》が仕事《しごと》の第一印象《だいいちいんしょう》を決《き》める

1－2 ｜ 挨拶《あいさつ》をする

「されてうれしい」気持《きも》ちのいい挨拶《あいさつ》をしよう
人《ひと》を選《えら》ばず誰《だれ》にでも挨拶《あいさつ》をする癖《くせ》をつけよう

子供のころから両親に口酸っぱく言われてきたなかで、「これは親の言うことを聞いておいてよかったな」と思う教えがいくつかある。そのなかで最たるものが「挨拶をする」だ。

「挨拶なんていつもやってるよ」

そう思う人もいるかもしれない。ここで言う「挨拶」とは、言葉を発するだけの挨拶ではない。聞いた側がこの人素敵だなと感じる「気持ちのいい挨拶」ができるかどうかを指している。

うちのオフィスに来てくれた人が口をそろえて言ってくれることがある。それは「挨拶が気持ちいいですね」だ。色々な考え方があると思うが、僕は仕事において挨拶は最重要ではないかと思っている。

仕事はコミュニケーションで進めていくものだ。

その第一印象を決めるのが挨拶である。これから一緒に仕事をしていこうと思っている仲間や取引先の挨拶が気持ちよくなければ、不安になってしまうだろう。

では、気持ちのいい挨拶とはどういうものだろうか。

わかりやすいのは、**「自分がされてうれしい挨拶をする」**である。伏し目がちに挨拶をされるより、目を見て挨拶をしてもらえたほうがうれしいし、ボソボソと小さな声で挨拶をされるより、明るく元気に挨拶をされたほうがうれしい。ほかにも色々あるはずだ。「自分がされてうれしい挨拶を相手にする」を心がけていこう。

一つだけ注意して欲しいことがある。

それは**相手を選ばずに挨拶をする**、ということだ。

取引先や上司など、自分にメリットがある人に挨拶をする人は多い。でも反対に、あまり関係のない人に対して、挨拶を怠る人もいる。これはめちゃくちゃもったいない。あなたの、その態度は思っている以上に周りに見られている。人を選んで挨拶をする人が信用されるかというと、なかなか難しいからだ。

覚えておいて欲しい。ビジネススキルを高めるためには時間も経験も必要である。でもこの挨拶だけは違う。あなたが意識し、行動をちょっと変えるだけで今日からすぐに変えていくことができる。仕事の基本として、まずは誰にでも気持ちのいい挨拶をしていこう。

POINT

挨拶をする

■「されてうれしい」気持ちのいい挨拶をしよう

■人を選ばず誰にでも挨拶をする癖をつけよう

CHAPTER 1

仕事力《しごとりょく》の常識《じょうしき》

自分《じぶん》の意見《いけん》を言《い》える大人《おとな》は強《つよ》い

1-3 | 手《て》を挙《あ》げる

「質問《しつもん》はないか」という質問《しつもん》に必《かなら》ず手《て》を挙《あ》げてみる
家族《かぞく》や友達《ともだち》など小《ちい》さな場《ば》から意見《いけん》を伝《つた》える癖《くせ》をつける

あなたは、自分の意見や考えを伝えることができているだろうか。

断言してもいい。ビジネスの世界ではこの「意見を言える」が大きな武器になる。

社会に飛び出すまでは、先生や親がいる。「ああしなさい」、「こうしなさい」と手取り足取り、基本的には教えてくれるだろう。受け身であっても問題ない。これがビジネスの世界に飛び込んだ瞬間から、自分で仕事を作りにいく「狩りの姿勢」が求められる。

素晴らしいアイデアを思いついても、それを伝えることができなければ意味がないということだ。そしてこの自分の意見を伝えるということは、いきなり言われてできるようになるものでもない。

そこを鍛える習慣として、まずは**「手を挙げる癖」**を身につけよう。

自己紹介でも伝えた通り、僕は極度のあがり症だ。なかなか自分の意見を伝えられる人間ではなかった。「このままではまずい」そこで実践したことが、「手を挙げる習慣を作る」ということだった。

先輩から「質問はないか」と聞かれたら手を挙げる。会議中に「わからないことは」と聞かれたら手を挙げる。手を挙げてから質問を考えていたこともあるくらいだ。

これをやりだしてから、人前で意見を言うことに身体が少しずつ慣れていった。

慣れていくと不思議と自信がついていった。自分の意見を伝えられるように変わっていった。まだ入社間もない若手社員であれば、何も知らなくて当たり前である。どんどん手を挙げて聞いてみよう。たとえ間違っていたとしても、意見を伝えて恥ずかしいことは何もない。

早ければ早いほど、手を挙げるという習慣はつきやすい。

もちろん、いきなり大勢の前で自分の意見を堂々と伝えることは、簡単ではない。慣れと経験が必要だ。まずは家族に対して意見を伝える、友人に対して手を挙げる、など小さなコミュニティからでいいかもしれない。今日から、自分の意見を手を挙げて伝える一歩を踏み出してみて欲しい。

POINT

- 手を挙げる
- 「質問はないか」という質問に必ず手を挙げてみる
- 家族や友達など小さな場から意見を伝える癖をつける

CHAPTER 1

仕事力《しごとりょく》の常識《じょうしき》

成果《せいか》は量《りょう》と質《しつ》と運《うん》で決《き》まる

1-4 ｜ 成果《せいか》の法則《ほうそく》を知《し》る

先《さき》に「量《りょう》」をこなし、後《あと》から「質《しつ》」を求《もと》める
量《りょう》と質《しつ》を追《お》いかければ「運《うん》」も引《ひ》き寄《よ》せられる

成果が生まれるメカニズムは意外と単純で〈量×質＋運〉で決まる。

まずは〈量×質〉の部分を見よう。

成果を出すためには「とにかく行動しなさい」とよく言われる。でも、この方程式からすると、ただ行動するだけでは成果につながらない。どれだけ量をこなしても、質がゼロなら、成果もゼロ。逆に言うと、「どれだけ質がよくても量がゼロなら、成果もゼロ」だ。

この量と質について、どちらを優先するべきかというのには僕なりの考えがある。

「先に『量』をこなし、後から『質』を追う」だ。

やったことがないものであればあるほど、まずやるべきは量から。質は量をこなした後に追い求めるという考え方である。一つ参考になる話をしよう。

社会人1年目だった僕は、営業職として新規開拓部隊に配属された。企業に求人広告を販売するために、朝から電話営業をしてお客様にアポイントを取り、新規提案の機会を作り、売上につなげるという仕事をしていた。

営業未経験だった僕は、

「どうすれば効率的にアポイントが取れるだろう」
「できるだけ断られないようにするには、どうすればいいだろう」

などと、質を上げることばかりを考えていた。

結果は、先ほど伝えたように営業成績ダントツの最下位だったのだ。それはそうだろう、同期入社の社員たちは、とにかく電話をかけまくるという量をこなし、お客様の生の声を聞きながら経験値を稼いでいた。それに対して、僕は何も経験したことがないことを、一生懸命考えていた。それで、いいアイデアや解決策が見つかるわけがない。

しゃべれなくてもいいから、恥ずかしくてもいいから、まずはお客様がどのような反応をするのか失敗しながらでも経験していくべきだったのだ。うまくやれるかどうかは完全にほっぽり出して、まずは量をこなす。考えるための材料を集めて、その後、考えることが必要だったのだ。

この経験から学んだことは、新しいことを始める時、まず質よりも量をこなすべきだということ。「量をこなす」を実践した後、頭を使って質も求める。これが一番早く成果につながる。

量をこなした後は質を求めよう。打席にたくさん立った後は、打率を上げる練習を行うのだ。やみくもに打席に立っても、効率的に点を取ることはできないからだ。

まずはたくさんの量をこなしながら、情報や経験を積み上げる。その経験から「どうすればさらに質を高めることができるのか」を考えていく。この順序がビジネスの基本となる。

量×質が成果につながることを覚えた後に、必要なのは「運」である。

「運はコントロールできない」と思う人もいるかもしれないが、実はそうでもない。量をこなせばこなすほど、質を上げれば上げるほど、なんとなく仕事をしている人よりも多くのチャンスが回ってくるはずだ。

運は自分の行動で作ることができる。

チャンスには見つけやすいチャンスと、見つけにくいチャンスが存在する。「私は運がいい」と言っている人たちに共通していること。それは、見つけにくいチャンスをしっかりと拾っている人たちである。

見つけにくいチャンスを拾うためには、チャンスかどうかはわからない段階でまずは量をこなしてみる、そして頭を使いながら質を追いかける。そうやっているうちに、見つけにくいチャンスを拾い上げることができるのだ。

POINT

成果の法則を知る

■ 先に「量」をこなし、後から「質」を求める

■ 量と質を追いかければ「運」も引き寄せられる

CHAPTER 1

仕事力《しごとりょく》の非常識《ひじょうしき》

夢《ゆめ》は今《いま》なくてもいい

1-5 | 好《こう》奇《き》心《しん》を持《も》つ

好《す》きなこと、興味《きょうみ》があることに挑戦《ちょうせん》してみる
夢《ゆめ》は見《み》つかるものではなく、創《つく》るものである

子供のころから大人たちに言われてきたことで、「夢を持ちなさい」というものがあった。将来の夢があれば、その夢に向けて頑張れる。たしかにその通りであり、何も間違っていないと思う。だからこそ、僕は声を大にして言いたい。

「夢はなくてもいい」と。

もっと正確に言えば、**「今はまだ、夢はなくてもいい」**である。

僕の幼稚園のころの夢は仮面ライダーになることであり、小学生のころの夢は警察官になることであり、中学校のころの夢は通訳になることだった。それが高校生になり、大学生になり、社会を知っていく過程で、徐々に徐々に夢を語ることが少なくなっていった。

夢は変わっていくものである。

「僕の夢はこれだ」と胸を張って言えるようになったのは、実は35歳の時だ。そこまではぼんやりと「何かオモシロイことやりたいな」くらいの感覚しかなかった。そこに向けて興味があることに色々とチャレンジしていくなかで、明確にやりたいことが定まってきたのだ。

子供のころからの夢を追いかけ続けて、大人になって実現する。これは本当に素晴らしいことだ。もし今の時点ではっきりとした夢を持っているならば、そこに向けて全力で頑張って欲しい。でもね、今、夢がなかったとしてもまったく心配しなくていい。

夢は見つかるものではなく、自分で創るものだ。

無理やり夢を持つ必要なんてない。それより今大切にして欲しいのは、**「好奇心を持つ」**ということ。目の前の好きなこと、興味があることに、果敢《かかん》に挑戦して欲しい。好奇心こそ、人間の成長の源泉だと僕は思っている。

目の前のことを一生懸命取り組んでいくなかで、そこから興味が広がり、「自分がやりたいことはこれだ」と夢が創られていく。そんな経験を僕はしてきた。焦って無理やり夢を見つけようとしなくてもいい。好きなことをやっていれば自然と「これを極めたい」という想いがきっと芽生えるはずだ。

POINT

好奇心を持つ

■ 好きなこと、興味があることに挑戦してみる

■ 夢は見つかるものではなく、創るものである

仕事力《しごとりょく》の非常識《ひじょうしき》

失敗《しっぱい》を恐《おそ》れるなは嘘《うそ》

1-6 ｜ 怖《こわ》くても挑戦《ちょうせん》する

失敗《しっぱい》は怖《こわ》い。でも挑戦《ちょうせん》はさらにオモシロイ
小《ちい》さな挑戦《ちょうせん》から、成功体験《せいこうたいけん》を積《つ》み上《あ》げろ

失敗を恐れずに挑戦しろ。これはビジネスの世界でもよく言われる言葉である。

「失敗を恐れずに？」

僕はいつもここに疑問があった。失敗することはやっぱり怖い。「できることなら失敗せずにうまくやりたい」と思うのは当たり前の感覚だろう。

今でさえそうだ。やっぱり失敗は怖い。

この数年間、思い切って事業を変えてみたり、お金がないなか、オフィスを移転したり、挑戦をしてきた。でも、「失敗が怖くなかったか」と言われると全然そんなことはなかった。

では、なぜ失敗を怖がっているのに挑戦できるのか。

それは「**失敗する怖さよりも、失敗を恐れて挑戦しないことがさらに怖い**」と思っているからだ。先ほど伝えた通り、時間は有限だ。そして、成果は量と質、つまり行動からしか生まれない。

失敗をすることは、もちろん怖い。ただし失敗を恐れて、目指す成果を得られないことはもっと怖い。挑戦で得られる成果にもっとワクワクするから、ちょっとやそっと怖さがあっても試してみたくなる。

失敗を恐れないことは、必ずしも重要なことではない。失敗は恐れていい。時には慎重に「石橋を叩いて渡る」くらいになってもいい。でも、失敗を恐れて、成功の面白さを知ろうともしないのは駄目だ。

失敗を恐れながらも、挑戦するために学んだこととは何か。

それは、「**小さな挑戦から積み上げていく**」こと。

挑戦の規模が大きければ大きいほど、失敗した時のリスクは大きい。成功することの面白さを知るには、なかなかハードルが高い。

だからまずは、小さな挑戦から小さな成功体験を積み上げてみよう。

たとえば、新しい事業を立ち上げることが大きな挑戦とするなら、まずはそのための市場調査くらいの小さな挑戦から始めてみよう。たとえば、会社を変える社内制度を提案する前に、まずは所属するチームを変える提案から始めてみよう。

時には失敗することももちろんあるだろう。たまにはビビってもいい。怖がりながらも突き進む。失敗を恐れながらも挑戦へのワクワクを知ることが、あなたの仕事のレベルを引き上げてくれるはずだ。

POINT

怖くても挑戦する

■ 失敗は怖い。でも挑戦はさらにオモシロイ

■ 小さな挑戦から、成功体験を積み上げろ

1

仕事力《しごとりょく》の非常識《ひじょうしき》

努力《どりょく》は実《みの》るに潜《ひそ》む落《お》とし穴《あな》

1-7 | 正《ただ》しい努力《どりょく》をしよう

努力《どりょく》の方向《ほうこう》が間違《まちが》っていると努力《どりょく》は実《みの》らない
正《ただ》しい努力《どりょく》がわからなければ周《まわ》りに聞《き》こう

これも子供のころから言われてきたことではないだろうか。
「努力は実る、だから諦めずに頑張りなさい」と。
僕の体験から言えること、それは「努力は実るは、嘘である」ということ。
誤解のないようにもっと正確に伝えよう。真実は**「〝正しい努力〟は実る」**なのだ。

社会人時代の後輩に、誰よりも朝早くに出社して、誰よりも遅く帰る頑張り屋のAくんがいた。とにかく一生懸命で、休日も営業本を漁《あさ》って、勉強も怠らなかった。

でも、営業成績は下から数えたほうが早い。

Aくんよりも勤務時間が短く、勉強もしていない社員でも、彼よりいい営業成果を残している社員がたくさんいた。僕は大阪勤務、Aくんは東京勤務だったので、彼の仕事ぶりを目の当たりにしたことはなかったが、「なぜ、あれだけ努力をしているのに結果が出ないのだろう」と不思議で仕方がなかった。

東京に出張したある日、Ａくんから「これだけ努力しているのに、なぜ結果が出ないのか相談に乗って欲しい」と声をかけられた。お客様にどんな対応をしているのかロープレ（ロールプレイングの略。現場に似た場面を想定し、そこで自分の役割を演じてスキルを身につける学習法）をしてもらい、はじめて彼の営業を目の当たりにした。原因はすぐに理解できた。

答えは単純だ。

彼の成果が上がらなかったのは、お客様の悩みを解決するための企画力が足りなかったのが原因だと判断した。対して、彼が日々努力していたのは「上手な話し方」や「聞く力の鍛え方」だったのだ。

つまり、努力の方向が間違っていたのだ。

これではいくら努力をしたところで、成果につながるわけがない。量はたくさんこなしているのだが、試行錯誤しながら質も追いかけようと必死だったAくん。でも量と質に向き合う方向がまったく見当違いだったという話なのだ。

すぐに改善しようと、企画力の引き出しを増やすために、先輩たちがこれまで顧客に提案してきたボツ案も含めた企画案をまとめて彼に渡した。勉強しなおしてもらったところ、半年もせずに結果がついてきた。

努力の方向を間違うと、努力は平気で嘘をつく。

努力をすることは大切なことだが、努力の方向を間違わないこともとても重要なことなのだ。Aくんのように正しいのかそうでないのか、自分で判断できないこともあると思う。そんな時には成果を上げている先輩や上司に直接「自分の何が課題であるのか」聞いてみよう。そうすれば成果は自然とついてくる。「〝正しい努力〟は実る」のだから。

POINT

正しい努力をしよう

■努力の方向が間違っていると努力は実らない

■正しい努力がわからなければ周りに聞こう

CHAPTER 1

仕事力《しごとりょく》の非常識《ひじょうしき》

綺《き》麗《れい》ごとには大《たい》切《せつ》なことがある

1－8 ｜ 綺麗《きれい》ごとをやりきる

綺麗《きれい》ごとを実現《じつげん》する方法《ほうほう》まで考《かんが》えよう
自分視点《じぶんしてん》ではなく相手視点《あいてしてん》で行動《こうどう》しよう

営業の最前線で仕事をしていた時、どうにも慣れない苦手なことがあった。

それは「売上のために商品を売る」ということだ。組織を継続する上で「売上を上げること」や「利益を生み出すこと」は、避けては通れない課題である。

営業は売上目標を達成するために、営業活動を実施していかなければならない。そして、より高い売上を目指すためには、「必要のない」とまでは言わないが、どう見てもオーバースペックなものまで、顧客に提案している自分がいた。

金額を渋ったお客様には安く、高く買ってくれるお客様には定価で売ることも苦手だった。後者のお客様を損させているようで、後ろめたかった。もちろん大量発注など、ほかのお客様も納得できる公然とした理由があるなら後ろめたさもなかったと思う。実態はそうではなく、ただの「言ったもの勝ち」という状況だったのだ。

ある日思い切って先輩に、「価格は一律もしくは値引き条件を一定にしませんか。

公平にすることで顧客も安心して発注できるし、利益率も上がると思います」と提案してみた。

先輩から返ってきた言葉は、「綺麗ごと言ってんじゃねえよ」だった。

これは当時の会社がすべて悪かったわけではない（一部、利益第一主義な先輩がいたこともたしかだが）。価格条件を一定にするにもリスクがある。お金を払ってくれるお客様に対しては利益が下がったり、値引きしないことで他社に契約を取られたりというリスクだ。あえて言うなら、悪いのは、リスクに対する解決案を示せなかった当時の僕だろう。

そんな経験があったからか、自ら会社を立ち上げた時も、はじめの5年くらいは売上ばかりを追いかける営業優先の会社だった。いつも考えるのは自社の売上や利益のこと。でも、利益はほとんど上がらなかった。

よくよく考えてみて欲しい。

お客様視点からすると、「僕の会社の売上や利益」なんてまったく関係がない。そこに気づいてからは、お客様に別の企業がベストと判断すれば、他社を紹介するようになった。「契約したい」と言われても、価値提供できないと判断すれば断るようになった。すべてのお客様を一律価格にして、値引き受注もやめた。

結果、営業利益は5年で25倍に伸びた。お客様のことを考える。見方によっては綺麗ごとに見えるかもしれない。でも、お客様視点から考えると、やっぱり**「自分たちのことを親身に考えてくれる会社」**に仕事を依頼したいはずだ。

「綺麗ごとだ」と言われたとしても、その綺麗ごとをやりきる。そうすれば、結果的には一番大きな利益につながる、と僕は身をもって経験できた。

POINT

綺麗ごとをやりきる

■ 綺麗ごとを実現する方法まで考えよう

■ 自分視点ではなく相手視点で行動しよう

2 CHAPTER

行動力《こうどうりょく》を レベルアップ

（動《うご》ける力《ちから》を強《つよ》くする）

CHAPTER 2

行動力《こうどうりょく》の常識《じょうしき》

考《かんが》えるより先《さき》に動《うご》ける行動力《こうどうりょく》の作《つく》り方《かた》

2-1 ｜ まずやる

打席《だせき》に立《た》つチャンスがあればまずやる

まずやることでチャンスを拾《ひろ》える確率《かくりつ》が上《あ》がる

さてここからは具体的な行動力、思考力、準備力、継続力という4つのビジネス力のレベルを高めていこう。成果を出すためにはすべての経験値を高めていくことが重要なのは言うまでもない。そのなかでも、まず高めたい力が「行動力」だ。

これまでに、並外れた行動力の持ち主を何人も見てきた。振り返ると、全員に備わっているある共通点に気づいた。その共通点とは何か。

それは「行動できる」ということだ。

「おいおい！　何を当たり前のことを言ってるんだ」という声が聞こえてきそうだ。しかし、シンプルな行動力の原点にして、一番難しいところがこの「行動できる」なのである。行動力がある人は前に向けてどんどん動ける。一方、行動力がない人は今いる場所から動くことができない。

「行動できる」という状態を、もう少しだけ分解してみよう。行動できるとは、何かをやろうとする時、またはやらなければならない時に実行できることだ。野球に例えるなら、打者として打席に立つ回数が多い状態である。ここで注目して欲しい。

「行動できる」に必要なのは「打席数」であるということ。

ヒットが打てるとか、ホームランが打てるとかは関係ない。行動できるには、成果があるかないかは、まったく問われていない。監督から「誰か代打で打ちたい人はいないか」と言われた時に手を挙げられるかどうか。言い換えると、目の前にチャンスがある時、つかむかどうかでしかないわけだ。

もちろんその場面で「確実に点を取ってこい」と言われたらハードルは一気に上がる。ただ「行動力」という視点だけを見るならば、点が取れるか取れないかは関係ないのである。

こんなことを思った人もいるだろう。

「目の前にチャンスがあるなら誰でも行動するんじゃないか」と。

そうなのだ。誰もが、チャンスがあるなら、そのチャンスを活かそうとするはずだ。

ではなぜ、行動力がある人とない人に分かれるのだろうか。

行動力のある人は、チャンスをチャンスと捉える敷居が、とても低いのだ。

世の中には誰が見ても気づけるわかりやすいチャンスもあれば、「これってチャンスなの?」というくらいに、わかりにくいチャンスも存在する。行動力のある人は、この「わかりにくいチャンスをつかんでいる人」とも言えるだろう。

どうすれば、このわかりにくいチャンスをつかむことができるのか。

答えは「習慣」である。行動力がある人はとにかく好奇心が旺盛だ。ちょっとでも面白そうだなと思ったら、考えるよりも先に「まずやる」という癖がついている。

それはなぜか。

やることではじめて見えてくる「わかりにくいチャンス」があると知っているからだ。「まずやる習慣」をつけるために必要なこと。それは、**自分の好奇心をくすぐるものを選ばずに試してみる**ことだ。

気になる、知りたい、興味がある、面白そう、やってみたい、なんでもいい。

少しでも好奇心を刺激するものがあれば、「まずやる」ことを実行して欲しい。実行し続ければ続けるほど、チャンスを捉える敷居がどんどん下がってくるはずだ。

POINT

まずやる

■ 打席に立つチャンスがあればまずやる

■ まずやることでチャンスを拾える確率が上がる

2

行動力《こうどうりょく》の常識《じょうしき》

店員《てんいん》さんを呼《よ》んでからメニューを決《き》められるか

2-2 | 早《はや》く決断《けつだん》する

目的《もくてき》もなく結論《けつろん》を先延《さきの》ばしにしない
うまくいかなければすぐに切《き》り替《か》える

飲食店に行くと、メニューが多すぎてなかなか注文が決められない。そんな経験をしたことはないだろうか。

「店員さんを呼んでからメニューを決める」

これは前職時代、物事をすぐに決められない僕を見かねて先輩が教えてくれた「決める力」を鍛えるためのトレーニング法だ。行動力の経験値が高い人の多くに言えることだが、彼ら彼女らは、とにかく決断するスピードが異常に早い。

実例を挙げてみよう。

とある商談での話。プロ卓球チーム「琉球アスティーダ」を運営する琉球アスティーダスポーツクラブ株式会社の早川周作さん（代表取締役会長兼社長）にブランディングの提案をさせてもらった。

簡潔に紹介しておくと、「琉球アスティーダ」は日本のプロ卓球リーグ「Tリーグ」（男子）において2020‐2021、2022‐2023の2シーズンで優勝を収《おさ》めている。つまり二度も「日本一」になった卓球のチームだ。

同社は2021年3月にTOKYO PRO Marketに上場という快挙を成し遂げている。プロスポーツチームとしての上場は、もちろん全国初になる。これまで企業ブランディングを中心に進めてきた僕たちにとって、そんなスポーツチームのブランディングを提案させてもらうのは、はじめての挑戦だ。

限られた時間だったので、代表の早川さんに15分ほどプレゼンをさせてもらったのだが、提案後わずか2秒で「ぜひお願いします」とその場で返答をいただいた。僕らとしてもスポーツ業界での実績は乏しいなかで、こんなにすぐ決まるものなのかと驚いたほどだ。

後日、早川さんとの会食中に「なぜそんなに決断するのが早いのか」と聞く機会があった。彼は笑いながら「**どのみちやるなら早いほうがいいでしょ**」とサラッと答えてくれたのだ。スポーツチームとして日本ではじめて上場した同社のスピード感を垣間見た瞬間だった。

決断が早いメリットとは何か。

決断が早いと次の準備に時間を割くことができる。

決断が遅いと誰かにそのチャンスをつかまれてしまうかもしれない。

「早く決める力」が身につくと、ビジネスのスピード感は飛躍的にアップする。ただ気になるのは「決断を早くするあまりに判断を誤る」というリスクだろう。

その心配は不要だ。

決断したことが正しい方向に行くように思考したらいいし（第3章参考）、それが正しくなかったとしたら、すぐに切り替えて次につなげてしまえばいい（第5章参考）からだ。

POINT

早く決断する

■ 目的もなく結論を先延ばしにしない

■ うまくいかなければすぐに切り替える

CHAPTER 2

行動力《こうどうりょく》の常識《じょうしき》

空《から》っぽの脳《のう》みそから いい答《こた》えなんて 出《で》るわけない

2-3 | 量《りょう》から質《しつ》を追《お》う

未経験《みけいけん》への挑戦《ちょうせん》は思考以上《しこういじょう》にまずは行動《こうどう》

机上《きじょう》の空論《くうろん》よりも体験《たいけん》に基《もと》づく情報《じょうほう》を蓄《たくわ》える

行動ができない原因の一つに、「まずやる」よりも先に「考えてしまう」というものがある。人間誰だって効率的にやりたいし、無駄なことはやりたくない。

「どうすればうまくいくだろう」
「失敗しないためにはどうしよう」

これはつまり「質を追う」ということだ。

「思考力」を扱う次の第3章でさらに詳しく伝えるが、先に少し話しておこう。頭を使いながら考え、質を追うことはめちゃくちゃ大切なことである。何も考えず、がむしゃらに行動するだけでは最短の成果なんて得られない。意味のない行動の継続は、無駄でしかない。

ただ、覚えておいて欲しい。
「行動力」と「思考力」については、追いかける順番が大切だということを。

僕が新卒で入社した人材コンサルティング会社での話をしておこう。先にも触れたが、その詳細だ。その会社は、いい人材を採用するための広告提案をしたり、企業を魅力的に伝える会社説明会や選考会をコンサルティングしたりしていた。

入社初日に先輩から渡されたのは、1冊のバイト情報誌と簡単な電話営業マニュアル。

「とりあえず上から順番に企業に電話かけてみろ」

そう言われた僕は、はじめての営業電話が不安すぎて、お客様から何を聞かれても答えられるよう、まずは商品知識を覚えることから始めた。想定されるお客様からの質問もQ&Aシートを作りこみ、万全な体勢を整えてからテレアポに挑んだ。

ただ、「これで大丈夫だ」と意気込んで営業してみるも、アポイントは全然取れない。

それどころかイレギュラーな質問はバンバン飛んでくるし、事前に対策していた通りに会話が進むこともほとんどない。そんな僕を見かねたのか、尊敬する先輩が笑いながらこう教えてくれた。

「まだまだ空っぽの脳みそで、いくら考えても答えなんて出らんよ」

経験したことがないことをあれこれ考えても、それは想像でしかない。質は後から追えばいい。**最初に追いかけるべきは質ではなく量だ**。

お客様はどんなことが気になるのか。

話をするタイミングや長さはどれくらいがちょうどいいのか。

何を伝えれば相手は興味を持ってくれるのか。

量をこなすことでたくさんの情報が得られる。

「想像ではなく、体験から学んだ情報を基に質を追いかけろ」

先輩はそう教えてくれた。ここから僕は「新しいことにチャレンジする時は、まずは量をこなすのがいい」と学ぶことができた。量をこなせばこなすほど、質を追うための適切な材料が手に入るという原則を覚えておいて欲しい。

POINT

量から質を追う

■ 未経験への挑戦は思考以上にまずは行動

■ 机上の空論よりも体験に基づく情報を蓄える

2 CHAPTER

行《こう》動力《どうりょく》の常識《じょうしき》

やりたくないに別《べっ》の目的《もくてき》を作《つく》る

2-4 | 仕事《しごと》をゲームに

楽《たの》しめる別《べつ》の目的《もくてき》を設定《せってい》できないか、考《かんが》える
行動《こうどう》を記録《きろく》し、成長《せいちょう》が比較《ひかく》できるようにする

仕事をやっていると、興味がないことや「つまらない」と感じる仕事にぶつかることがある。どんな仕事をやっていても、そういう場面に出くわすことはあるだろう。自ら「やりたい」と思えなければ、なかなか行動はできない。

高校生から大学を卒業するまで7年間ピザ屋でバイトをやっていた。その仕事のなかで誰もが嫌がる仕事があった。近隣の家にピザ屋でチラシを配る「ポスティング」という仕事だ。

原付バイクで一軒一軒回りながら、ポストにキャンペーンのチラシなどを投函《とうかん》していく。少ない時で200部、多い時では1000部くらいのチラシを持って配るわけだ。真夏は汗だくになりながら、真冬は寒さに震えながら訪問していく地道な仕事である。

お察しの通り、誰もこれをやりたがらない。

「この作業をどうにか面白くできないか」と考えた僕は、当時の先輩からのアドバイスで二つのルールを作った。一つ目はバイクを使わずに走ってやること。二つ目は毎回タイムを測るということだ。

当時バスケをやっていた僕は、仕事をトレーニングに置き換えようとしたわけだ。ランニングしながら給料がもらえて、タイムを計測することでゲーム性を出す。店長から「ポスティング誰か行ってくれない」と言われると、喜んで引き受けた。あまりに不自然にやりたがるので、「西崎はポスティング中に家に帰って寝ているんじゃないか」と社員から怪しまれたほどだった。

もちろん、そんなことはない。真面目にポスティングに励んでいた。いや、面白がりながら、楽しんでいた。

つまり、**置かれた状況で面白くなければ、オモシロイを作ればいいのだ**。

苦手なこともゲームにしてしまえばいい。次のことに気をつければ、ゲーム化なんて誰にでもできる。

「これまでできなかったこと」ができるようになるのが成長だ。成長を目の当たりにできるのは楽しい。ラスボスを倒しに行くゲームのように目的を定め、レベルアップを体感できるよう、自分の成果を記録して比較する。

このように**「自発的に『やりたい』と思える環境を意図的に作れる力」**が身につけば行動する力は格段にアップする。

それはそうだろう。「やりたくないこと」は、誰だって腰が重くなる。でも「やりたいこと」なら、すぐにでも動きたくなるものなのだから。

POINT

仕事をゲームに

- **楽しめる別の目的を設定できないか、考える**
- **行動を記録し、成長が比較できるようにする**

2

行動力《こうどうりょく》の非常識《ひじょうしき》

個《こ》性《せい》を捨《す》ててみる

2-5 ｜ 真似《まね》をする

一番成果《いちばんせいか》を出《だ》している人《ひと》をターゲットに設定《せってい》する
彼《かれ》ら彼女《かのじょ》らがやっていることをまずは完《かん》コピする

行動力の成果を最短で上げるための鉄則とは何か。

それは**「真似をする」**ことだ。成果が出るには成果が出るための理由がある。お客様が喜ぶ理由、数字につながる理由、理由があるから成果を出し続けられるのだ。

最近では「あなたらしくやればいいんだよ」と言われることがある。もちろん頭ごなしに否定するつもりはない。でも、ビジネスの経験値がない状態での「あなたらしくやる」は、時に遠回りになることもあると認識しておこう。

僕もテレアポで成果を出すために「こんなことやったらいいんじゃないかな」、「あんなこと試したらいいんじゃないかな」と色々考えて試してみた。でもやっぱりビジネスの世界って、経験がないなかでいくら想像したところで、その通りにはならない。

だったら、自分の業務領域のなかで一番成果を出している先輩の真似をするというのが、一番手っ取り早く成果につながる。営業であるなら、先輩の営業トークを完コピしてみる。デザイナーであるなら先輩のデザインを真似してみる。

なかなか成果が出ない僕の営業成績が、少しずつ上向き始めたきっかけも、この「真似をする」ことからだった。先輩の営業に同行して、営業トークを録音し、毎朝毎晩の通勤時間のなか、ひたすら聞き続ける。

トーク内容はもちろん、間の取り方、強弱の付け方から言葉の言い回しまで丸々全部を空で言えるよう、身体のなかに染み込ませた。それをアウトプットする場として、毎日先輩に15分間の営業ロープレをした。そうすることで行動力の経験値を高めてきたわけだ。

真似をし続けると自然と成果に必要な要素が身体に染み込んでいく。その土台を基にしながら、自分なりのやり方を加えていくことが、成果に向けた最短距離となる。

個性を捨て続ける必要はない。とにかく最初は個性云々《うんぬん》の前に、そのまま真似してやってみることをおすすめする。もちろん、誰かの真似をしているだけではその人を超えることなんてできない。土台をしっかり築いた後は、自分らしいやり方を積極的に試してみよう。

POINT

真似をする

■ 一番成果を出している人をターゲットに設定する

■ 彼ら彼女らがやっていることをまずは完コピする

2

行動力《こうどうりょく》の非常識《ひじょうしき》

弱点《じゃくてん》は克服《こくふく》しない

2-6 ｜ 誰《だれ》かに任《まか》せる

チームのなかで求《もと》められる自分《じぶん》の役割《やくわり》を把握《はあく》する
役割《やくわり》に必要《ひつよう》な能力《のうりょく》を鍛《きた》え、ほかは別《べつ》の人《ひと》に任《まか》せる成果を出すためには、弱点を克服することが良しとされる。克服する必要がある弱点があることは否定しない。でも、ここで伝えたいことは「克服する必要のない弱点もある」ということだ。

生産性を高める方法の一つに「自分の得意分野で勝負する」という手段がある。

24時間365日の限られた時間のなか、行動力のパフォーマンスを上げるためには、できるだけ無駄なところに時間を割かないことが重要になってくる。同じ1時間を使うにしても、好きなことや得意なことに注力して得られる成果と、不得意なことに注力して得られる成果では大きな差が生まれる。

ここで頭に入れておかなければいけないことが、「役割の把握」である。

バスケットボールに例えてみよう。あなたはゴールから遠いトップからゲームをコントロールするポイントガードだ。相手をドリブルで抜く力は必要だろう。遠くからゴールを射抜くシュート力もいるかもしれない。

自分の役割に必要な能力が課題であるならば、克服する必要があるだろう。

ではゴール下で当たり負けしない強靭《きょうじん》な身体が必要だろうか。リバウンドを勝ち取れるジャンプ力や瞬発力は必要だろうか。

あるに越したことはないだろう。でも、自分になければゴールの近くをポジションとするセンタープレイヤーに任せればいい。

役割の把握とは、「(チームの一員としての)自分に必要な能力」は何かを明確に知ること。「自分に必要な能力」がわかれば、そこを集中して鍛えていかないといけない。

逆に「自分に必要のない能力(求められていない能力)」については、さほど磨き上げなくてもいいだろう。それよりも「自分に必要な能力」を向上させるのに時間を使ったほうがいい。

つまり、**「すべての弱点を克服する必要はない」**ということだ。社会人になったばかり、これから社会人になる人にとっては、チームにおいて求められる役割がまだわからないという人も多いだろう。

そんな時は、自分よりも経験豊富な上司や先輩に、チームにおいて自分の役割は何か、その役割をまっとうするために必要な能力とは何かを聞いてみよう。わからないなかで考えたところで、正しい答えに行きつかないことは多い。そんな時は周りの意見を参考にしながら組み立てていくと、より正しい答えに近づいていけるはずだ。

POINT

誰かに任せる

■ チームのなかで求められる自分の役割を把握する

■ 役割に必要な能力を鍛え、ほかは別の人に任せる

CHAPTER 2

行動力《こうどうりょく》の非常識《ひじょうしき》

100点《てん》を目指《めざ》さない

2-7 | 細《こま》かく刻《きざ》む

100点《てん》を目指《めざ》すより、スピードを意識《いしき》する
刻《きざ》むことで得《え》た情報《じょうほう》からさらにいい提案《ていあん》にする

お客様の悩みを解決する提案として、誰もが完璧なものを出したいと願うのは当たり前のことかもしれない。しかし、実はビジネスにおいてはこの100点を目指すということが行動力を妨げる要因になることが多々あるのだ。

では100点を目指すことでのデメリットとは何だろうか。

お客様から「課題解決に向けた提案資料を作成して欲しい。急ぎでお願いしたくて期限は3日後。30ページ程度のパワーポイントでまとめてくれ」という依頼があったとしよう。市場調査から企画立案、資料作成まで踏まえるとかなりタイトなスケジュールだ。

ここでいきなり100点を目指そうとするとどうなるか。資料を準備するのにスケジュールを丸々使ってしまい、当日のプレゼンがぶっつけ本番になってしまうのだ。

ここで覚えておきたいのが「100点を目指さないアクション」である。

1枚物のテキストベースでもいいので、企画案を1日目に提案してみる。もしかするとそれはお客様が求める提案資料の30％程度の成果物かもしれない。そうすると、最終的な提案資料を出す前にお客様から「ここはこうしたい。ここはこう変えて欲しい」というフィードバックを得ることができる。

必要であれば2日目にそのフィードバック内容を反映した60％程度の資料を提示し最終確認をしてみる。そうすることで、最終提案資料がお客様の要望とズレることを防ぎ、結果としてベストな資料になるわけだ。

いきなり100点を目指さずに、細かく刻みながら仕事を展開しよう。そうすることで結果的に無駄がなくなり、時間対効果の高い成果を生むことにつながるのだ。これはお客様だけに言えることではなく、社内業務を進行していく時にも同じことが言える。

上司に細かく確認を取りながら、進行していくことで行動の質を高めることができる。

POINT

細かく刻む

■ 100点を目指すより、スピードを意識する

■ 刻むことで得た情報からさらにいい提案にする

2 CHAPTER

行動力《こうどうりょく》の非常識《ひじょうしき》

凄《すご》いことなんてしなくていい

2-8 | 当《あ》たり前《まえ》の追求《ついきゅう》

誰《だれ》もがやってることを、誰《だれ》もがやってる以上《いじょう》にやる
特別《とくべつ》なことよりも、当《あ》たり前《まえ》のことを追求《ついきゅう》するほうが簡単《かんたん》

新しい行動をする時に「誰もやっていない凄いこと」ができればこれほど素晴らしいことはない。ただ現実は甘くない。天才でもない限り、自分が思いつくことはほかの誰かが思いついている可能性が高いのだ。ビジネス初心者であればなおさらだろう。

ここで行動力を高めるために発想を変えてみよう。「誰もがやらないことをやる」から、**「誰もがやっていることを徹底して追求する」**に。

社会人時代にテレアポが嫌で嫌で仕方がなかった僕は、手紙でアポイントを取ろうと作戦を変更したことがある。当然ながら、ダイレクトメールや直筆の手紙を使ってアポイントを取る方法は、多くの営業が試しているやり方だ。

同じように送っても、ほかの手紙と同じように埋もれてしまう。当時、僕にはどうしても会いたい上場企業の経営者がいた。でも、その会社はすでに同業他社と契約をしており、アプローチをしてもなかなか成果が出ていないと聞いていた。

でも僕には「アポイントさえ取れたら契約できる」という見込みがあった。ただそれだけ大きな会社の社長となると簡単にアポイントを取ることはできない。どうしても会いたかった僕は、その会社の社長宛に毎日直筆の手紙を出すことにした。

2週間ほど経っただろうか。先方の秘書から連絡があり「社長が会いたいと言っている」と連絡があった。このチャンスを逃すまいと、やれることを徹底してやることにした。

まずは、その会社のことを調べ倒した。

ホームページの情報はもちろん、IR資料から経営者サイトに掲載されていた社長動画、出版されていた本もすべて購入した。これまで来たであろう営業のなかで、「一番御社のことを知っている営業だ」と言えるくらいまで調べつくした。

御礼の手紙も、前職時代のトップセールス（売上が一番高い人）の真似をしてオフィスの外で書き上げ、その場で投函して帰った。後日、その会社の社長から「お前の営業が面白かったので全社員に共有しといたよ」とメールが届いた。

この経験から学んだことは、**「特別に凄いことをやる必要なんてない」**ということ。誰もがやっていることを、誰もがやらないレベルで実行するだけで大きな差別化になるのだ。だから普段やっている当たり前のことを、これを機会に徹底してやりきってみて欲しい。

POINT

当たり前の追求

- **誰もがやってることを、誰もがやってる以上にやる**
- **特別なことよりも、当たり前のことを追求するほうが簡単**

3 CHAPTER

思考力《しこうりょく》を
レベルアップ

（考《かんが》える力《ちから》を強《つよ》くする）

CHAPTER 3

思考力《しこうりょく》の常識《じょうしき》

なぜやるのかの答《こた》えを常《つね》に持《も》つ

3-1 | 目的《もくてき》を持《も》つ

やることの目的《もくてき》を常《つね》に答《こた》えられるようにする

目的《もくてき》を達成《たっせい》するためのゴールまで決《き》める

行動力の章で「打席に立つこと」の大切さを学んできた。この思考力の章は言うなれば「打席に立った後の打率を上げるための章」である。どれだけ打席数を増やしても、打率が上がらなければ効率的に点を取ることはできない。

打率を上げるための思考力。

思考力を高めるためにまず身につけたいことは「目的を持つ」ということだ。

「目的を持つ」とは、どんな行動をする時にも**「なぜやるのか。何のためにやるのか」を答えられる状態で行動する**ことを指す。

目的があると、なぜ思考力が高まるのだろうか。

それは目的があることで、考えるべきことが明確になり、行動に一貫性が出てくるからだ。

もしもあなたが受験生だったとする。

「なんとなくいい学校にいければいいな」

これが目的のない状態である。

何をやればいいのかが不明確で、目的がないから勉強に対するモチベーションも上がらない。モチベーションが上がらない最大の理由、それは目的へのゴールが明確ではないからだ。

「将来、福祉の仕事に就きたい。そのためには介護系の学校に入学したい」

このように目的があれば、おのずと目指す学校も定まる。学校が定まれば具体的に勉強すべき内容も見えてくる。

もしもあなたが社会人だったとする。

ちょっと想像してみて欲しい。

目的のない会議なんて最悪の一言だろう。

何のための会議なのかが明確でないから、色々な意見が入り乱れる。結局どこに着地させればいいのかもわからない。会議をすること自体が目的になってしまっている。

何を行動するにしても、考えるためには「目的を持つ」ことをルールとして実行して欲しい。目的は、できるだけ小さい単位の行動に落とし込んで実行できることが望ましい。お客様と商談する時もそう、塾に行く時もそう、部活の練習に望む時もそうだ。「今日の目的は何か」を持って臨むことができれば、それを達成するために必要なことを考えるはずだ。そうすれば、自然と成果につなげていくための行動に変わっていくはずである。

POINT

目的を持つ

■ やることの目的を常に答えられるようにする

■ 目的を達成するためのゴールまで決める

3

思考力《しこうりょく》の常識《じょうしき》

思《し》考《こう》力《りょく》の質《しつ》は メモで高《たか》くなる

3－2 ｜ 記録《きろく》を取《と》る

情報《じょうほう》を漏《も》らさないようにメモを取《と》る癖《くせ》をつける

自分《じぶん》に合《あ》ったメモのやり方《かた》を色々《いろいろ》と試《ため》してみる

思考力は、**「考えるための材料で決まる」**と言っても過言ではない。

どれだけ「質の高い材料があるかどうか」が重要だ。質の高い材料を作るためにやって欲しいこと、それが「メモを取る」ことである。

社会に出ると上司や先輩から、「社会人だったらちゃんとメモを取れ」と必ず言われる。言ってしまえばビジネスの基本中の基本、それがメモをすることだ。

ドイツの心理学者ヘルマン・エビングハウスによると、「人間の記憶というものは一度学習したことを1時間後には56%を忘れ、1日後には60%、6日後には75%、1か月後には79%を忘れる」という調査結果がある。それだけ人間の脳みそはいい加減なのだ。

弊社にも必ず議事録を残してくれる社員がいる。

メモを取っているから抜け漏れが起こることがない。抜け漏れがないから、相手の現状把握、課題の抽出、求められる情報など、考えるために必要なピースがすべてそろった状態で仕事を進行することができる。

まずはいつでもメモを取る習慣から身につけていこう。先輩から仕事を教えてもらった時、親から買い物を頼まれた時、デートの予定を考える時。情報を記録する癖がついていくと、考えるために必要な情報を収集することができる。結果、思考力の向上につながっていく。

大切なことは**「自分がやりやすい記録のやり方をする」**である。

文字を書くことで頭のなかが整理されるという人もきっといるだろう。でも、音声認識アプリで記録を取って、それを整えたほうがいいという人もいるだろう。パソコンやスマホなど、デジタルでメモを取りたい人もいるだろう。

もう一度伝える。記録のやり方は人それぞれだ。まずは自分に合ったメモの取り方がどういったものか色々試してみたほうがいい。やる前から自分には合ってないとシャットアウトしてしまうのはとてももったいない。試してみるなかで、きっとあなたに一番合った無理のないメモの取り方が見つかるはずだ。

POINT

記録を取る

- 情報を漏らさないようにメモを取る癖をつける
- 自分に合ったメモのやり方を色々と試してみる

3 CHAPTER

思考力《しこうりょく》の常識《じょうしき》

判断《はんだん》を感覚《かんかく》に頼《たよ》らない

3-3 ｜ 数字《すうじ》で判断《はんだん》する

数字《すうじ》で記録《きろく》し数字《すうじ》で物事《ものごと》を考《かんが》えるようにする
数字《すうじ》がいいものを発展《はってん》させ悪《わる》いものは消《け》していく

人生は選択の連続である。朝起きてパンを食べるか、ご飯を食べるか。歩いて会社に行くのか、電車で会社に行くのか。Aという案を提案するのか、Bという案を提案するのか。ビジネスにおいても大なり小なり、たくさんの選択をすることになる。

そのなかで最良な決断をするために必要な材料の一つが、数字だ。

何度も伝えるが僕はテレアポが心底苦手だった。話はうまくもなく、初対面はとても緊張する。「こういうトークをすればアポが取れるんじゃないか」「こう言われたら、こう答えたら成果につながるんじゃないか」と試行錯誤するが、なかなか成果につながらない。

理由は簡単だ。

思考するための材料を感覚に頼っていたから、である。

これまでの経験から、こっちが正しいとか、こっちは間違っているとか、を決断する感覚は誰しも持っていることだろう。ただし、それが本当に正しい判断なのかというのはやってみないとわからない。

感覚に頼れば頼るほど、成果に大きなブレがでる。なんとなくで思考し、決断してしまっているからだ。この**ブレをできるだけ少なくする思考法が「数字による決断」**なのである。

感覚だけで判断していた僕に、当時の上司がこう教えてくれた。

「3つの営業トークを作って、営業した数とアポイントが取れた数をそれぞれ記録していこう。そのなかで一番成果につながった営業トークをベースに、さらに3つの営業トークを作ってみよう」と。

数字に裏打ちされた営業トークをベースに、さらにいい営業トークが生まれる。これを繰り返していくことで、僕のアポイントを取れる確率は少しずつ、でも確実に向上していった。

それはそうだ。数字の出ない悪い点はどんどんなくなっていき、数字につながるいい点はどんどん磨かれていく。数字で判断することで、なんとなく考えていたことが、根拠のある判断に変わっていったというわけだ。

まずは**身近なものから数字に変換**してみよう。たとえば、営業だったら契約率、スポーツだったらシュート成功率、勉強だったらテストの点数。結果が出たら、その数字を基に新しい取り組みを実行してみる。その結果を、さらに数字で判断し改善していく。これを積み重ねていくだけで、あなたの思考力は飛躍的に高まるはずだ。

POINT

■ 数字で判断する

■ 数字で記録し数字で物事を考えるようにする

■ 数字がいいものを発展させ悪いものは消していく

CHAPTER 3

思考力《しこうりょく》の常識《じょうしき》

数字《すうじ》目標《もくひょう》から逆算《ぎゃくさん》で行動《こうどう》を考《かんが》える

3-4 | ゴールからの逆算《ぎゃくさん》

目的《もくてき》に対《たい》するゴールを定量《ていりょう》（数字《すうじ》）で定《さだ》める

定量《ていりょう》ゴールを分解《ぶんかい》して「今日《きょう》何《なに》をするか」まで落《お》とし込《こ》もう

成果を出すためのプロセスを思考する時の基本は「ゴールからの逆算」である。自分が成し遂げたい夢や目標。そこにまずは、いつまでにやるのかという「期限」と具体的に何ができたら達成なのかという「ゴール」を定める。

そうすることで、「いつまでに何を達成しなければいけないのか」が明確になる。後はそれを達成するために「1年後までに何を達成しないといけないのか」、「1か月後には」、「今日は何を達成すればいいか」が見えてくる。

わかりやすい例を挙げてみよう。

会社から「1年間で1億円」という売上目標を課せられたとする。この目標に対して「一生懸命頑張る」では思考力が足りない。この場合、期限とゴールは決まっている。だから後は逆算していくだけだ。

これまでの会社の実績から、1社当たりの平均顧客単価が100万円だったとする。

1億円売上を挙げるためには何社の契約が必要か。そう、100社の契約を1年以内にまとめないといけない。

1年間は12か月だ。つまり月間で9社の契約をまとめることができれば、100社以上の契約を獲得することができる。1か月を4週間と換算すれば、週あたりの目標契約数は2・25社だ。

「1週間で2・25社を獲得するために頑張ろう」

ちょっと待って欲しい。これでも思考力はまだ弱い。この「頑張ろう」とは何を頑張ることなのかを、具体的に考え落とし込んでいかないと、成果にはつながらない。

あなたの会社の商品の契約率が25％だったとしよう。1社の契約を取るためには、4社のお客様と商談をしないといけないわけだ。飛び込み営業からの商談率が5％だったとして、1社の商談設定のために飛び込み営業しなければいけない数は20社となる。

つまり80社飛び込み営業すれば、4社と商談ができ、1社の契約が決まる。

つまり、1週間に2・25社の契約を取るためには、180社の飛び込み営業が必要ということだ。月曜日から金曜日まで営業するとして、1日当たり36社に飛び込み営業を毎日続けていけば、1年後に目標の売上を達成できる。

これが**「目標をゴールから逆算する」**という考え方である。最後に大切なことを伝えておこう。ゴールから逆算する時に設定する数字は、**「少しだけ高い数字に設定する」**ということだ。

仕事にはイレギュラーがつきもので、設定していた契約率で必ずしも推移するわけではない。確実に目標をクリアするためには、厳しくゴール設定をしておくほうがいい。前の話でたとえるなら、1日当たりの飛び込み営業目標を36社ではなく、40社に設定しておくということだ。

こうしておけば、想定通りの数字の推移がなかったとしても、体調をくずして営業を休んでしまう日があったとしても、余裕を持って目標達成に進んでいけるというわけだ。

POINT

ゴールからの逆算

■ 目的に対するゴールを定量（数字）で定める

■ 定量ゴールを分解して「今日何をするか」まで落とし込もう

3

思《し》考力《こうりょく》の非常識《ひじょうしき》

やりたいではなく、やりたくないから考《かんが》える

3-5 ｜ やりたくないを決《き》める

思《おも》い浮《う》かんだ「やりたくないこと」をたくさん書《か》き出《だ》してみる
優先順位《ゆうせんじゅんい》や分類整理《ぶんるいせいり》をしてコンパクトにまとめてみる

物事を考える時を思い出してみて欲しい。

やりたいから考えてしまうと「あれもやりたい」「これもやりたい」と無限にやりたいことが出てきてしまい、どれも中途半端で思考がまとまらなかった経験はないだろうか。

やりたいことが明確にあるのであれば、「これをやるんだ」という軸に沿ってやりたいことを進めていけばいい。難しいのが「やりたいことが決まっていない時の考え方」なのである。

まだ夢も決まっていない、目標も決まっていない、そんな時にいきなり先輩から「この紙にお前のやりたいことを書け」と言われたところで、いったい何から書き出そうか悩んでしまうことだろう。

僕自身もそうだったが、目的が決まってないのにやりたいことを聞かれても「世界一周をしてみたい」とか「お金持ちになりたい」とか、漠然とした答えしか思いつかないからである。

そんな時のアドバイス。**「やりたくないことから書いてみる」**を試して欲しい。

やりたいことよりも、やりたくないことから考えたほうが実は簡単なのだ。人間の脳は、ネガティブな情報をポジティブな情報よりも重視する傾向にある。楽しいことやうれしいことは忘れやすいのに、悲しいことや辛《つら》いことのショックは引きずりやすくないだろうか。生きていくための防衛本能として、人は危機や恐怖をより避けたがる習性があるからなのだ。

お客様への提案でも、会社への改善案でも、自分の目標設定でもなんでもいい。思考する時にまずは「やりたくないこと」をたくさん書き出してみよう。書き出した「やりたくないこと」に優先順位やカテゴリー分類を行い、まとめてみよう。そうすれば、物事を考える時「これは絶対にやらない」というものがそろった状態から始められる。

「やりたくないことを、やらないためには」を考えているなかで「じゃあそのために、やらなきゃいけないことはこれだよね」が見えてくるはずである。

POINT

やりたくないを決める

■ 思い浮かんだ「やりたくないこと」をたくさん書き出してみる

■ 優先順位や分類整理をしてコンパクトにまとめてみる

3

思《し》考力《こうりょく》の非常識《ひじょうしき》

逆《ぎゃく》の視点《してん》から考《かんが》えてみる

3-6 ｜ 逆転《ぎゃくてん》の視点《してん》を持《も》つ

王道《おうどう》だけではなく逆張《ぎゃくば》りで物事《ものごと》を考《かんが》えてみる
リスクもあるが駄目《だめ》ならさっさとやめたらいい

たまに言われることがある。「よくそんなにオモシロイ発想ができますね」と。

会社のテーマカラーが真っ黒な会社である自社をブラック企業に見立てて「ブラックな企業」とＰＲした。オフィスにデカいキッチンを作り、フランスで修業した専属シェフを雇って社員食堂を展開した。そんな取り組みがメディアで取り上げられることもしばしばだ。

実はこれ、あまり難しいことを考えて発想しているわけではない。

難しく考えているわけではないならば、いったいどのようにして考えているのか。

僕らがよくやる思考法の一つに**「逆の視点で考える」**というものがある。

普通の会社は、ブラック企業と思われたくないからホワイトに見せようとする。

普通の会社は、オフィスにあまり社員が行きたがらない。これが本筋の視点である。

これを逆転の視点で考えているだけなのだ。

「普通はブラックに思われたくないから、あえてブラックに見せてみよう」、「普通は社員が会社に行きたがらないから、行きたくなるオフィスを作ってみよう」。

このように、ほかの会社がやっている当たり前のことを、ただ逆に考えて実行しているだけである。

ここで一つ、注意して欲しい。

ただ単純に、逆張りをすればいいという話ではない。なぜその判断をしたのかという、明確な理由がなければいけない。企業としての明確な理由の源泉、それが経営理念だ。会社の理念に沿っていなければ、それは「なんとなく変なことをやっている」にしかならない。

逆張りをする時によく言われること。それは「ほかの人と違うことをすることが怖くはないのか」ということだ。たしかにセオリーと逆のことを実行すれば、うまくいけば得られるリターンも大きい。その代わり、失敗するリスクや炎上するリスクも生じる。

でも、心配しなくていい。

小さく始めて、**駄目だったらすぐにやめたらいい**だけの話だ。行動力の章でも「まずやる」ことの大切さを話した。また、後の継続力の章でも詳しく解説していくが「やめる」ことができれば、うまくいかなかったとしても次につなげて、切り替えることができる。

王道のやり方で考えることも大切なことだが、時には逆の視点から考えてみよう。これまでにない大きな成果を生み出すことにつながるかもしれない。

POINT

逆転の視点を持つ

■ 王道だけではなく逆張りで物事を考えてみる

■ リスクもあるが駄目ならさっさとやめたらいい

3 CHAPTER

思考力《しこうりょく》の非常識《ひじょうしき》

どうしたいかではなく、どうされたいか

3-7 | 相手視点《あいてしてん》を持《も》つ

思考《しこう》の起点《きてん》は「どうしたいか」ではなく「どうされたいか」

「顧客《こきゃく》のため」は短期《たんき》でマイナスでも長期《ちょうき》ではプラスになる

社会人になりたてで、営業の最前線で仕事をしている時の話。

まだまだ仕事のことをわかっていなかった当時の僕は、会社から課せられた売上目標に対して常に「どうすれば売れるか」ということばかりを考えて仕事をしていた。

「どうやったら他社よりいいサービスと思ってもらえるか」
「どうやったら他社より価格が安いと思ってもらえるか」

今だからはっきりと言える。「考える方向が間違っていた」と。

これは**「どこを起点に仕事をするか」**という話だ。

当時の僕の起点は、「売上を上げるためには」が起点だった。言わば、自分起点だった。もしもあなたがお客様だったら、と視点を変えて考えてみて欲しい。相手の営業担当の売上に興味があるか。営業担当の成績のために契約しようと思うか。答えはNOだ。

もしも自分がお客様側の立場だったとして、困っていることがあったとする。どういう人に仕事を依頼したいと思うだろうか。「自分の困っていることに寄り添い解決してくれる人」に仕事を依頼したいと、当然考えるはずだ。

お客様を起点に考える。

「そんなものは綺麗《きれい》ごとだ」、そんな意見もあるかもしれない。でも僕の考えは違う。お客様を起点に考えることが、結果として一番売上につながると信じているからだ。

相手を起点に考えるということは、まずは相手の状況を知らなければいけない。それができれば、商談でいきなり「うちの商品はここが優れていて」とサービス紹介をすることはなくなるはずだ。「相手が何に困っていて、それはどうすれば解決できるのか」を探るはずだ。

その視点で仕事を進めた結果、自社サービスを提案することをやめたことが幾度となくある。もちろんその場の契約は成立しなかった。でも相手のお客様は他社サービスをすすめてきた僕のことを信頼してくれて、別の案件やタイミングで仕事を依頼してくれたり、「こいつは信頼できるから」と知り合いの社長を紹介してくれた。

自分がどうしたいかではなく、相手がどうされたいか。この視点があるだけで仕事はもっと楽しくなるし、もっとうまくいくようになる。

仕事は短期で考えるんじゃなく、長期で考える。お客様との長い付き合いを実現するためにも、相手視点で物事を考えることは、とても重要な要素となるはずだ。

POINT

相手視点を持つ

■ 思考の起点は「どうしたいか」ではなく「どうされたいか」

■ 「顧客のため」は短期でマイナスでも長期ではプラスになる

3

思考力《しこうりょく》の非常識《ひじょうしき》

自分《じぶん》の意見《いけん》を必《かなら》ずぶつけて質問《しつもん》をする

3-8 ｜「質問《しつもん》だけ」はやめる

わからないことは、すぐに聞《き》く
質問《しつもん》は自分《じぶん》の考《かんが》えを伝《つた》えてから、聞《き》く

考える力を磨くために誰かの意見を「聞く」、「質問する」というアクションはとても重要だ。自分の頭のなかだけで考えてしまうと意見が偏る。新しい発見や気づきの機会を失う。

たくさんの質問をして、考える材料を作ることで、これまでにないアイデアが生まれることは多い。ではその質問の質を上げることができれば、より考える力が強くなるのではないか。

ここでは、質問する力を高めるやり方について考えていきたい。

誰でも思いつく質問のやり方。それは**「わからないことを聞く」**ことだ。これは基本だが、とても重要だ。なぜなら、大人になればなるほど「的外れだったら、恥ずかしい」、「変な質問だったらどうしよう」などと考えてしまい、わからないことを聞くということが、なかなかできなくなっていくからだ。

仕事柄、僕は色々な人と会うことがある。そのなかには自分の専門分野外の経営をやっている社長たちも多く、時には話している単語や意味がわからないということもよくある。

僕が意識してやっていることの一つに、「わからないことはすぐ聞く」というものがある。「すぐ聞く」の「すぐ」とは、「わからない」と感じた瞬間、即座に聞く、ということだ。「後で確認しよう」、「なんとなく意味はわかるからいいや」などと、わいた疑問を軽く見ないようにしている。

「知らないこと」が恥ずかしいという以上に「知ったふりをすること」のほうが恥ずかしい。

それに「わからないことがわかる」ということは、自分のレベルアップにもつながるはずだ。

質問力を高める具体的なやり方を、もう一つ。それは「自分の意見をぶつけてから質問する」ということだ。「これってどうやればいいんですか」この質問をすれば、やり方は学べるかもしれない。でも、考える力までは身につかない。

わからないならわからないなりに、「僕はこう思うんですけど」という意見を考え、伝えてから質問できると理想的だ。そのほうが「自ら考える力」も身につくからだ。また、「自分の考えと教えてもらった考えの違い」を知ることで、より深く物事を理解することもできる。

質問力を高めていくためにも今日から、

①わからないことは、すぐに聞く
②質問は自分の考えを伝えてから、聞く

この2点を意識して実行してみて欲しい。これを続けるだけで、これまで「なんとなく聞いて、なんとなく教えてもらっていた」そんな状態から抜け出せるはずだ。
「わからないこと」の抜けも漏れもなく、考える力まで身につけながら、自分自身の知識を高めていくことができるはずだ。

POINT

「質問だけ」はやめる
■ わからないことは、すぐに聞く
■ 質問は自分の考えを伝えてから、聞く

4 CHAPTER

準備力《じゅんびりょく》を レベルアップ

（準備《じゅんび》する力《ちから》を強《つよ》くする）

CHAPTER 4

準備力《じゅんびりょく》の常識《じょうしき》

時間《じかん》を使《つか》うことが信頼《しんらい》と自信《じしん》を作《つく》る

4－1 ｜ 時間《じかん》を使《つか》う

誰《だれ》もがやっていることを、誰《だれ》もがやっている以上《いじょう》に時間《じかん》を使《つか》う

成果《せいか》が予測《よそく》できる実績《じっせき》に準備《じゅんび》する時間《じかん》を使《つか》う

準備力を高めるために、今すぐにできることは何か。

それは「時間を使う」ことだ。

お客様に新しい提案をする時もそう。スポーツで強い相手と戦う時もそう。恋愛で大好きな人に喜んでもらう時もそうだ。よりよい成果や反応をもらうための準備として、最も簡単で誰にでもできる方法、それは**「時間を使うこと」**である。

相手の立場になって考えてみよう。人間誰でも自分のためにたくさんの時間を使ってもらえることは、素直にうれしいものだ。逆に言えば、「時間を使わない」ということは、「時間を使う価値がない」となる。つまり、相手からすると「興味が自分にはないのだな」と受け止められても仕方がない。

時間を使えば使うほど、たくさんのことを考えられる、たくさんの準備ができる。準備力で差をつけたいなら、まずは時間をたくさん使うことから実行してみよう。

2018年、とある会社のトップセールスが僕たちの会社に入社してくれた。入社前の彼は70名の部下を束ねるリーダーだった。

成果を残しているから、当然ながら給料も高い。

社員が10名ほどだった当時の会社では、それだけの給料が払えるはずもなかった。でも彼は給料を下げて、うちの会社に入社してきてくれた。

そんな彼はうちの会社に入社してから、たったの1年でトップセールスになった。その大きな理由の一つが「準備に時間を使うこと」だったのだ。採用が決まってから入社までの間、前職の引継ぎなどで約半年間の時間があった。

まず彼がやったこと、それは入社までの間に「会社の営業資料や参考資料を社内から集めて覚える」という準備だった。それだけではない。「修業」と言いながら前職の仕事終わりにうちの会社に立ち寄り、先輩社員を捕まえて、覚えたものを確認してから、帰宅することもあった。

入社後も、彼の準備に余念はない。役員に頼み込み始業前にロープレを実施する。お客様のところに行く前には、ホームページはもちろん、社長が書いているブログや動画、出版されている本までも読み漁り、誰よりもその会社のことを理解した上で仕事に臨む。

ここまで時間をかけて準備をする人間をこれまで見たことがなかった。ここまで時間をかけたからこそ、誰よりも早く成果につながったということは言うまでもない。

POINT

時間を使う

■ 誰もがやっていることを、誰もがやっている以上に時間を使う

■ 成果が予測できる実績に準備する時間を使う

4

準備力《じゅんびりょく》の常識《じょうしき》

求《もと》められているものは何《なに》かを突《つ》き詰《つ》めよう

4-2 | 答《こた》えから準備《じゅんび》

求《もと》められている答《こた》えが何《なに》かを考《かんが》えて準備《じゅんび》をしよう
答《こた》えに対《たい》しての準備《じゅんび》に、時間《じかん》と労力《ろうりょく》を他者《たしゃ》よりかけよう準備をする時、思いついたものを手当たり次第に準備をしようとする人がいる。もしあなたが本気で準備力を高めたいなら、まずは行き当たりばったりの準備をやめることから始めよう。

第3章の思考力で伝えたことを思い出して欲しい。「ゴールから逆算することの重要性」を。これは準備力においても例外ではない。準備力における「ゴールからの逆算」とは何か。それは、求められている答えが何かを探すところから始め、その答えに照準を合わせて準備をする、ということだ。

僕には2歳下の弟がいる。2016年に外資系不動産会社で働いていた彼の転職相談をきっかけにうちの会社に引き抜いた。誰に対しても優しく社交的で、仕事も早くて正確、なかなか自慢の弟だ。

そんな彼が最近、ある営業コンテストに出場した。

営業支援を手掛けるセレブリックスが主催する日本一の営業パーソンを決める大会『Japan Sales Collection 2024』だ。前年にコミクスが仕掛ける『営業天下一武道会』という同じようなコンテストに出場して優勝した彼に「今年はこの賞を取ってきてくれ」と持ちかけた。

結論から言おう。彼はその大会で優勝した。

この優勝の仕方がまさに**「答えから準備する」**だったのだ。大会は10分間の営業プレゼンを行い、10分間の質疑応答に応えるというもの。事前に資料を作成し、事務局に提出、当日その資料を用いてプレゼンする、というものだった。

彼の準備の手順は至ってシンプル。

いきなり「これを伝えよう」という、自分視点からプレゼン資料を作ることはない。大会概要に記載されている評価のポイントから、プレゼンに必要な要素を洗い出し、資料に落とし込んでいくというものだ。

当日の評価項目は難易度、再現性、革新性、貢献性、社会性の5項目。

まずはノートにそれぞれの項目に当てはまる取り組みを書き出し、それを落とし込んだ上で、資料の作成に取り掛かった。以降も、彼の準備は入念である。作成した資料を基に僕にプレゼンをした。仮想審査員として5項目の評価をつけさせ、フィードバックを求めた。

そこで見えた評価項目に足りない部分を再度資料に落とし込みながら、当日の準備を進めていったのだ。「相手が求めている答え」から逆算して、準備をする。仕事をする上で当たり前のことだが、相手視点に立って物事を考える大切さを改めて認識させられる出来事だった。

POINT

答えから準備

■ 求められている答えが何かを考えて準備をしよう

■ 答えに対しての準備に、時間と労力を他者よりかけよう

CHAPTER 4

準備力《じゅんびりょく》の常識《じょうしき》

感情《かんじょう》ではなく実績《じっせき》で準備《じゅんび》をしよう

4-3 | 実績《じっせき》で準備《じゅんび》

ライバルがやらないことに時間《じかん》を使《つか》ってみよう

言葉《ことば》ではなく成果《せいか》が予測《よそく》できる実績《じっせき》を準備《じゅんび》しよう

準備に一番最適なこととは何だろうか。それは、相手の情報をたくさん調べていくことだ。

学生時代の話。先にも話したが、独立するということを決め、その力を身につけられる会社はないかと模索している時、その条件にフィットするとある人材採用支援会社を見つけた。

「この会社以外考えられない！」

理屈ではなく感覚でそう悟った僕は、絶対にこの会社に入社したいと心に決めて選考に臨むことにした。履歴書は表面だけではなく、真っ白な裏面もびっしりと文字で埋めつくした。履歴書に指定されたサイズの写真だけでは人柄が伝わらないと思い、追加で写真も貼り付けた。さらに、履歴書と一緒に10枚ほどの便せんに、入社したい気持ちと僕を採用することのメリットを書きつづった。

一見するとスタンドプレーと思われるかもしれない。もしかしたら、逆に嫌われて落とされるリスクもあったかもしれない。ただ、これで落とされたら仕方がない。それよりも、やることをやらずに落とされるほうが嫌だった。

後悔しないように、やれることをすべてやる。

それが僕の信条だ。なんとか迎えた最終選考。ここまで来たからには絶対に落ちるわけにはいかない。もしも自分が面接官だったら「どういう学生を採用するか」を考えに考えた。出した結論が、**「言葉ではなく行動で示す」**だった。

どれだけ準備して、いい言葉をならべようと、企業が本当に知りたいのは「こいつは本当にできるのか」だ。だったら、できることを実際にやってから面接に臨むべきだ。準備に力を注ぐことにした。

最終面接までの1週間。企業の社長に就活生として電話をかけまくり、「今、他社の面接を受けている学生です。社長の考えを知りたいので会ってください。御礼に最近の就活生がどのように就活しているかまとめたレポートをお持ちします」そう伝えて、10件くらいの企業にアポイントを取った。

会う社長みんなに、「どんな人材が欲しいか」、「今やっている採用のやり方や現在の課題は何か」を聞き、それを30枚くらいの資料にまとめた。そして迎えた最終面接当日。「最後に何か質問はありますか」という問いに、「口ではなく行動でやれることを示すため、10社の社長にアポを取り採用情報をまとめました。うち2社はリップサービスかもしれませんが『お前がその会社に入社したら契約してもいい』とおっしゃってくれています」と、僕を採用するメリットをプレゼンしたのだった。

これで落ちたら、その会社の見る目がない。僕はそう思ってもいいくらい、ほかの就活生がやらないであろう準備に時間をかけて実行した。結果、無事内定を勝ち取ることができたという話である。

POINT

実績で準備

■ ライバルがやらないことに時間を使ってみよう

■ 言葉ではなく成果が予測できる実績を準備しよう

準備力《じゅんびりょく》の常識《じょうしき》

驚《おどろ》きや感動《かんどう》を準備《じゅんび》しよう

4-4 ｜ 琴線《きんせん》を刺激《しげき》する

感情《かんじょう》を揺《ゆ》さぶる準備《じゅんび》やアクションを時《とき》に試《ため》そう

やりたいことをやって失敗《しっぱい》しても後悔《こうかい》はしない

準備力で差をつけたい時、必ず意識していることがある。

それが**「琴線に触れる準備をする」**ことだ。

琴線とは「心の奥深くにある、物事への感動や共感、共鳴しやすい感情を動かすこと」を意味する。映画や音楽を聞いている時、物語やストーリーに心揺さぶられ鳥肌が立ったり、自然と涙があふれたりした経験をイメージしてもらえるとわかりやすい。

年に1回か2回くらいの頻度で「ここは会社として絶対に決めなきゃいけないな」というような商談やプレゼンに出くわすことがある。そんな時、他社と差別化するための準備が、この「琴線に触れる準備」なのである。

過去、ある投資家に対して、数億円規模の出資をしてもらうためのプレゼンをしたことがある。

会社の今後の方向性を左右する重要なプレゼンだ。「なんとしても決めたい」とグラフィックデザイナーやコピーライター総出で琴線に触れる準備に力を注いだ。資料には「こいつら本当におもろいな！」となってもらうための仕掛けを仕込んだ。

それだけの時間と手間をかけた超大作。無事に書類選考を通過したが、当日のプレゼン時間はわずか10分だった。作った資料はどう頑張っても、説明に30分以上必要なもの。プレゼン時間を短くしたところで、僕たちの想いは伝わらない。

ピンチはチャンス。どうすればこの状況を逆転の一打に変えられるのか。どうすれば相手の心の奥深くを揺り動かすことができるのか。

僕たちが出した答えは「企画書を燃やす」だった。

3分で企画の概要だけ説明して企画書を燃やす。なぜなら10分でこの企画を説明することは不可能だから。こんな短い時間に、僕らの想いは収まらない。だったら事業提案じゃなくて、残りの7分で「自分たちがなぜトゥモローゲートをやっているのか」ビジョンを語ればいい。そう結論づけた。

当たり前だが、安全面の問題で「燃やす」は却下。でも、僕はその投資家の前で3分だけ事業説明し、その場で企画書を破った。そして、先ほどの決めゼリフを伝え、ビジョンを語った。その投資家は少し驚きながらも「君たち面白いね」と笑っていた。

このプレゼンが功を奏したかどうかはわからないが、もう一度話を聞きたいとお声がけをいただいた。

今回のやり方を「すごいだろ」と言いたいわけではない。相手によっては相当怒られていたかもしれない。でもそこには信念があった。想いを伝えるためには、相手の琴線を刺激するにはこれが自分たちらしいと判断したわけだ。

これで落とされても悔いはなかった。貫きたい信念を伝えるために、誰も真似できないような準備やアクションも時には必要だった、と改めて学んだ出来事だった。

POINT

■ 琴線を刺激する

■ 感情を揺さぶる準備やアクションを時に試そう

■ やりたいことをやって失敗しても後悔はしない

CHAPTER 4

準備力《じゅんびりょく》の非常識《ひじょうしき》

態度《たいど》は変《か》えずに対応《たいおう》は変《か》えよう

4-5 | 相手《あいて》を選《えら》ぶ

すべて同《おな》じ対応《たいおう》をしない、状況《じょうきょう》に応《おう》じて対応《たいおう》を変《か》える
対応《たいおう》は変《か》えてもいいが、態度《たいど》は変《か》えてはいけない

誰に対しても同じ対応をする。これは一見すると正しいことに見えるかもしれない。しかし、ビジネスにおいてはこれは当てはまらない時がある。これまでも時間の大切さについては口を酸っぱくして伝えてきた。

限られたこの時間を、誰にどのように使っていくか。準備力を高めるために大切なこと、それは**相手を選んで準備をする**ということだ。「相手を選んで対応を変えるなんて失礼じゃないか」そんな声が聞こえてきそうだが、そんなことはない。

振り返ってみて欲しい。大切な家族への対応と、会ったことのない他人への対応。大好きな恋人への対応と、興味のない相手への対応。仲のいい友人への対応と、ただの知り合いへの対応。きっと同じ対応をしてはいないはずだ。

普段から僕らは少なからず、相手に合わせて対応を変えていることになる。

これはビジネスにおいても同じ感覚が必要だ。準備をするためには当然時間がかかる。すべての相手に、まったく同じ対応をしていては、とてもじゃないが時間が足りない。

前職営業時代、すべての顧客にすべて同じ対応をしている、成果の出ない営業パーソンがいた。それが、僕である。営業訪問したすべての会社に定期的に電話で追客《ついきゃく》（契約してくれそうなお客様に定期的にアプローチすること）する。訪問時には、会社のホームページを読み込んでから会社を訪問をする。訪問したら御礼メールを送り、また定期的に連絡をして追客をする。その繰り返しだ。

これは周りの営業がやっているオーソドックスなやり方で、なかなか成果につながることはなかった。そんな僕を見かねた先輩からのアドバイスで、顧客ニーズに合わせて対応を変えてみることにした。

過去の取引実績から、業界、企業規模、地域、事業内容に応じて契約確率が高い会社には10の準備を行う。対して、取引実績がない会社には、失礼のない程度の準備をしてから営業に臨み、まずはニーズを聞く。先方に興味があれば、再訪時にはじめて、10の準備に取り掛かるというものだ。

時間を使うべきところに使うことで、営業効率が飛躍的に高くなった。相手を選んで対応する時、同時に注意すべきことがある。

対応は変えても、態度は変えるな。

お客様になりそうな企業にだけ丁寧な態度で、そうではない企業は雑な態度を取る。これは絶対にやってはいけない。接する態度は、すべてのお客様に公平に。状況に応じて、対応アクションだけを変えていこう。

お客様は自分への対応だけではなく、周りへの対応もしっかり見ている。相手に応じてコロコロと態度を変える人間は信用されない。相手に合わせて対応は変わっても、態度は変えない、ここを心がけてお客様と向き合ってみて欲しい。

POINT

相手を選ぶ

■ すべて同じ対応をしない、状況に応じて対応を変える

■ 対応は変えてもいいが、態度は変えてはいけない

4

準備力《じゅんびりょく》の非常識《ひじょうしき》

見《み》た目《め》よりも中身《なかみ》を重視《じゅうし》しよう

4-6 ｜ 中身《なかみ》を重視《じゅうし》

準備《じゅんび》は見《み》た目《め》以上《いじょう》に中身《なかみ》にこだわる

デザインよりもスピードが価値《かち》を生《う》むことがある

ここは僕も特に苦手とする準備力の部分なので、自分に強く言い聞かせる意味でまとめていきたい。企画書や資料をまとめる時、とにかくデザインにこだわろうとすることがある。

相手に見やすく、魅力的なデザインで伝えられることはいいことだ。

ただし、デザインに力を入れすぎて肝心な中身が考えられていない資料に出くわすことがよくある。これではどんなに素敵なデザインを作ったところで相手の心をつかむことなんてできない。

見た目が大切じゃないということが言いたいわけではない。

見た目以上に中身が大切であるということが言いたいわけだ。

見た目よりも先に中身にこだわる。これは優先順位の話である。

僕の知り合いに圧倒的な営業力を持つ経営者がいた。彼の会社は求人広告代理店の会社だ。広告を活用しながら良い人材を採用するためのさまざまな戦略や企画を、企業に対して提案する会社だった。

そんな彼の営業資料はパワーポイントなどを駆使した、ビジュアル面に優れた見栄《みば》えのいい資料などではない。すべてテキストのみ。ワードやＧｏｏｇｌｅドキュメントで作成した文字のみの提案資料。それで、契約を積み重ねていた。

周りが見た目にもこだわった資料で提案しているにもかかわらず、なぜ彼の売上はそんなに高かったのだろうか。ポイントは二つだ。

・提案スピードが圧倒的に早い

・企画内容が秀逸で相手の心を瞬時につかむ

彼の準備のポリシーは「中身が良ければ、外見は装飾にすぎない」ということ。課題解決に向けた提案がしっかり練りこまれていれば、スピードを重視する。仕事のテンポを上げていく。

こうすることで、ほかの営業よりも高い生産性を生み出すことができるというわけだ。

もちろん、大型の案件や、社運を懸けた提案など、ここぞという時にはデザインまでこだわった提案資料を作ることもあるだろう。しかし、ここで伝えたい「準備力の非常識」とは、準備する相手や内容によっては、見た目よりも中身、そしてスピードが求められることがある、という事実である。

POINT

中身を重視

■ 準備は見た目以上に中身にこだわる

■ デザインよりもスピードが価値を生むことがある

CHAPTER 4

準備力《じゅんびりょく》の非常識《ひじょうしき》

誰《だれ》も用意《ようい》しない おみやげを 準備《じゅんび》しよう

4－7 ｜ おみやげを持参《じさん》

相手《あいて》が喜《よろこ》ぶおみやげとは何《なに》かを考《かんが》え準備《じゅんび》する

課題解決《かだいかいけつ》につながる確度《かくど》を上《あ》げるおみやげを準備《じゅんび》する

商談や打ち合わせの時、お土産を持ってきてくれるビジネスパーソンは多い。

地方から訪問してくれた人は、その土地の名産品なんかを持ってきてくれ「どうぞ、社員のみなさんで食べてください」と気遣ってくれる。

お土産をもらって嫌な気がすることはない。

ないのだが、このお土産も工夫して準備することで、より大きな仕事の成果につなげることができる。僕はお菓子屋や食品などのお土産を持っていくことはしていない。代わりのおみやげを準備して持っていくようにしている。

代わりのおみやげとは何か。

それは**「確度を上げるためのおみやげ」**である。これだけでは何かがイメージしにくいだろう。具体的な例を挙げて説明していこう。

以前ネームバリューがあり、この顧客を獲得できたらうちの会社の実績としても大きい。そんな準大手の洋菓子メーカーから問い合わせがあり、新規営業に行く機会があった。

どうしても商談をまとめたい。

そう考えた僕は、「確度を上げるためのおみやげ」を準備することにした。

事前にメールでもらった相談内容として、「商品の知名度はあり新規購入は獲得できる。一方で、競合商品と比べてリピート率が低い」というお悩みをいただいていた。当日お会いするまでの約1週間の間、まずはその会社の主力商品である洋菓子と販売店舗を訪問し、競合商品との比較表を作成した。

パッケージの見た目、味、店舗の内装、接客など十数項目の比較表を作った。さらに、ターゲットとなる主婦層から「なぜリピート率が低いと思うか」ヒアリングして、おみやげとしてまとめていった。相手は、その準備に対して「初回の訪問でここまでやってくれるのか」と喜び、その場で契約となった。

相手に喜んでもらうために地方の名産品をお土産として持っていくのも、悪いことではまったくない。ただ「相手の課題解決の確度を上げるおみやげ」を持っていったほうが、顧客としては喜んでくれるのではないだろうか。

POINT

おみやげを持参

■ 相手が喜ぶおみやげとは何かを考え準備する
■ 課題解決につながる確度を上げるおみやげを準備する

CHAPTER 4

準備力《じゅんびりょく》の非常識《ひじょうしき》

あえて準備《じゅんび》をしないでみる

4-8 | 準備《じゅんび》をしない

想《おも》いを伝《つた》えるにはアドリブが効果的《こうかてき》な時《とき》もある
準備《じゅんび》をしすぎてプレッシャーを感《かん》じすぎないようにする

ここまで準備力の経験値を高めるために、いろいろな角度から準備する方法を伝えてきた。基本的には相手を選び、時間を使い、頭を使う準備についてだ。ただし、**時には「準備をしない」ということが大きな成果につながる**ことがあるという話もしておきたい。

これは、すべての人に当てはまるわけではない。
ただ、僕にはとても当てはまった準備力だった。

2020年より本格的にYouTubeでの発信を始めた。当然ながら、再生数の拡大やチャンネル登録者数の増加という「成果につなげたい」という想いでスタートしたので、事前準備についても時間と頭を使いながら取り組んでいた。

ビジネス系の動画配信で再生されているチャンネルは何か。
どんなテーマや企画だと再生数が伸びているのか。
話すスピードやテンポはどうすれば聞き取りやすいのか。

これらを踏まえて、動画を1本撮影するにも、話している時の表情やスピード、抑揚や間を取るポイントまで記した万全な台本を用意した。「これなら間違いなく良い動画になるはずだ」と、成果につなげるための準備を入念に行っていた。

結果は、まったく数字につながらなかった。

「良いことをしゃべろう」、「綺麗にまとめよう」と技術的なことだけが先行してしまい、言葉に熱量がまったく宿らなかったのだ。準備された台本を読んでいるだけで、気持ちが乗らない、だから熱量が伝わらない。

そんな状況だったので、思い切って事前準備をすることをやめてみた。ぶっつけ本番で、撮影テーマすら聞かず、話す内容も何も決めずに臨んだ。聞かれたことをアドリブで答える。そう変えてみた。

これだけで動画の数字が少しずつ伸びていくようになった。これまで、時間と労力をかけてやっていた準備をやめたにもかかわらず。

なぜ、準備をやめたのに成果につながったのか。

もしかしたら、台本を使って説明する言葉よりも拙《つたな》いかもしれない。言い間違ったり、うまくしゃべれなかったりするかもしれない。でも、書いてあるものを読むだけではなく、下手くそでも自分の言葉で熱量を持って話したほうが、視聴者の心に届いたのだろう。

なにより、準備した台本を読み上げるより、好きなように自分の言葉で話をしている時のほうが楽しかった。

たとえば、就活の面接も似たような側面があると感じる。就活本を読み込み、対策された言葉よりも、その人自身のありのままの言葉のほうが面接官の気持ちを捉えることがある。

僕の場合、講演なんかもまさにそう。細かく話の内容を決めてしまうよりも、大きなテーマだけ決める。そして、その場で思ったことを伝えるほうが場の空気が熱くなる。

人によっては「しっかり準備をしたほうが話しやすい」という人もいるかもしれない。それでうまくいっているなら、ぜひ続けて欲しい。でも、「準備をしすぎて、準備に縛られ、ワクワクしないな」そう感じている人は、**あまり考えすぎずに思い切って「準備することをやめてみる」**というのも一つの選択肢かもしれない。

POINT

準備をしない

■想いを伝えるにはアドリブが効果的な時もある

■準備をしすぎてプレッシャーを感じすぎないようにする

5 CHAPTER

継続力《けいぞくりょく》をレベルアップ

(続《つづ》ける力《ちから》を強《つよ》くする)

CHAPTER 5

継続力《けいぞくりょく》の常識《じょうしき》

継続力《けいぞくりょく》の基本《きほん》は期限《きげん》とゴール設定《せってい》

5-1 | ゴールがあるから続《つづ》く

いつまでに、何《なに》をやるのか期限《きげん》とゴールを明確《めいかく》に定《さだ》める

ゴールからのアクションを細分化《さいぶんか》し1日《にち》1日《にち》クリアをする

継続するために設定しなければいけない大切な項目がある。

それが「ゴール」だ。ゴールがなければ、どこまでやればいいかわからない。クリアするための具体的な戦略も立てられない。だから、なかなか続かない、すぐに諦めてやめてしまうということが起こるのだ。

よく考えてみて欲しい。

もしもマラソンのゴールが42・195㎞と決まっていなければどうなるだろうか。みんなで一斉にヨーイドン。いつまで続くかわからない道のりをひたすら走り続ける。

これではどこで力を入れて、どこで力をためるべきか、ペース配分もわからない。ゴールが決まっているからこそ、そこに向かって作戦を立て、最後まで走りきることができるというものだ。

継続力を高めるためにも、やることを決めたら、やることのゴールは何かを明確に設定する。まずは、そこからスタートしよう。

たとえば、SNS発信で認知や影響力を身につけようと決めたとする。「一生懸命頑張って発信しよう」、「オモシロイ企画に挑戦してみよう」と決意する。でも、これではなかなか続けていくことはできない。「なぜやるのか」という目的に立ち返り、目的を達成するための「ゴールとは何か」を定量（数値的に捉えること）的に設定していく必要があるのだ。

「発信による認知でサービスを知ってもらい、売上を作りたい」

そんな目的があるのだとすれば、「いつまでに（期限）」「何をやるのか（ゴール）」、期限とゴールを定めていく必要がある。たとえば、1年後に月間5件の新規売上の獲得、こちらを期限とゴールに設定したとする。

そのために必要なフォロワー数や発信数を設定すれば、「半年後にはここまで」、「今月にはここまで」という数字が見えてくるはずだ。後はゴールを達成するための具体的なアクションを1日単位にまで落とし込めば、「今日何をやらなければいけないか」が明確になる。

ただやみくもに行動するよりも、ゴールに近づいていく行動がわかることで納得感が生まれる。ゴールに向けて継続しようという意欲につながっていく。継続には期限とゴールが不可欠だ。まずはここを理解し、続ける力を身につけていってもらいたい。

POINT

ゴールがあるから続く

■ いつまでに、何をやるのか期限とゴールを明確に定める

■ ゴールからのアクションを細分化し1日1日クリアをする

CHAPTER 5

継続力《けいぞくりょく》の常識《じょうしき》

継《けい》続《ぞく》できない人《ひと》の特《とく》徴《ちょう》は成《せい》果《か》が見《み》えない人《ひと》

5-2 | 成果《せいか》が出《で》るから続《つづ》く

成果《せいか》が出《で》るから仕事《しごと》も楽《たの》しくなり、さらに成果《せいか》につながる
自分《じぶん》の力《ちから》だけでなく、周《まわ》りの力《ちから》を借《か》りながら成果《せいか》につなげる

なぞなぞみたいな質問になるが、まずは自分の頭で考えてみて欲しい。

「継続力がある人にはあり、継続力がない人にはないものがある。それは何か？」

前職で人材コンサルティング会社に勤めていたことは、話した通りだ。当時、グループワークなどを含めると、トータルで約2万人の新卒、中途の求職者を面接してきた。そして、彼らが入社後どのように活躍していくか、追跡リサーチしていた。その結果、成果を生み出せるほとんどの人材に共通していたもの。それがこの「継続力」だ。

逆に、成果を残せない人材の多くは、この「継続力」が乏しかった。

継続するから成果が出る。継続しないから成果が出ない。でも、「待てよ」と自分なりに仮説を立ててみた。「もしかするとこれは順番が逆なのではないか」と。

継続するから、成果が出るのではない。成果が出るから、継続するのではないか。

卵が先か鶏が先かみたいな話だが、振り返ればまさに僕自身がその通りだと思った。営業成績が最下位で成果が出ない時の感情はどうだったか。成果が出なくてとにかく仕事がしんどい。表情も暗い。声のトーンも低い。その雰囲気は営業先に伝わり、契約につながらない。だから仕事が、よりしんどくなる。結果、続かない。

まさに「負のスパイラル」である。

仕事が思うように進めば、もちろんうれしい。やる気もあふれてくる。それが相手に伝わり、また契約につながる、そしたら、さらにうれしくなる。モチベーションも高くなる。結果、厳しい営業も続けられる。

継続力がある人にはあり、継続力がない人にはないもの。答えは「成果」だ。

「いきなり成果と言われても経験値が足りないから無理だ」そう思う人もいるかもしれない。そんなこと、心配する必要はない。

自分ができないなら、できる人の力を借りればいい。

自信のなかった当時の僕は、どうしたか。まずは売上という自信をつけるために、社内で一番営業がうまい人に同行をお願いすることから始めた。もちろんその先輩は忙しい。入社間もない僕なんかに、簡単に予定を空けてくれるわけがない。

まずは、できるだけ先輩とのコミュニケーションを増やした。昼飯も先輩と一緒、社員寮だったので通勤も一緒。先輩との時間を増やすことで、無理を聞いてもらえる関係づくりをしていったのだ。

僕一人では絶対に決まらなかったアポイントも、その先輩がついてきてくれるので高確率で決めてくれる。売上はみるみる上がった。1年目は最下位だった営業成績から、2年目は大阪支社長を任されるまでになった。

当時は、まさに「正のスパイラル」だった。先輩は僕の売上が上がっていくのを喜んでくれる。会社は頑張ってるなと評価してくれる。そんな成果から生まれる自信こそ、負のスパイラルから抜け出すきっかけとなった。仕事が面白くて継続できる自分に変化できたんだな、と振り返って思う。

POINT

成果が出るから続く

■ 成果が出るから仕事も楽しくなり、さらに成果につながる
■ 自分の力だけでなく、周りの力を借りながら成果につなげる

CHAPTER 5

継続力《けいぞくりょく》の常識《じょうしき》

決《き》めたことをやる

5-3 | 呼吸《こきゅう》と同《おな》じレベル

行動《こうどう》を習慣化《しゅうかんか》させるために、まずは何《なに》をやるかを定《さだ》める
習慣化《しゅうかんか》するまでの初期《しょき》に必要《ひつよう》なものは忍耐《にんたい》

決めたことをやるためには、「決めたことをやりきる力」が必要だ。

「そんなことはわかってる、でも続けられないから悩んでいるんじゃないか」そんな声が聞こえてきそうだ。でも、継続力のある人は何も、特別なことをやっているわけではない。

決めたことをやりきる力がある人は、**「行動が習慣になっている」**のである。

習慣とは何か。習慣とは、「長い間、繰り返し行うことで、決まりごとのように行えるようになること」だ。

朝起きたら歯を磨く。寝る前にお風呂に入る。あなたの生活のなかでも決まり切った日々の習慣というものがあるだろう。それをやらないと気持ちが悪い。そんなレベルで身体に染みついている、呼吸するくらい当たり前になっている繰り返しの行動である。

X（旧Twitter）を始めた当時、僕は1日50本のポストをすることを決めた。どうやってこれを習慣にしたのか。まずはゴールから逆算して、50本のポストをどのように配信するかペース分配をした。

朝起きてから10本、お昼休みに10本、夕方に10本、夜に10本、深夜に10本。これを続ければ毎日50本のポストは完了だ。でも、ここからが問題。どうすればこれを習慣にできるのだろうか。

僕は特に難しいことはやってない。雨が降ろうが槍が降ろうが、毎日決めたことをやる。どれだけ忙しくてもやり続ける。

はじめは忍耐。

まさにこの言葉がぴったりだろう。最初から楽しかったわけではない。慣れないから1本ポストするのにも相当な時間がかかる。大変だなと思ったことも、一度や二度ではない。はじめは我慢してでも続けてみる。

そうすると不思議なことに、1か月もすれば慣れてきた。大変さは少し軽くなった。半年もすれば、ポストが当たり前になった。むしろ「ポストしなければ気持ちが悪い」という状況にまでなった。

朝の10本のポストも、寝起きの布団のなかで3本、朝食を食べる前に3本、朝の移動中に4本など、より細分化できた。決められた時間にやることが当たり前の状態になった。最初は大変だったが、やり続けることで身体を慣れさせていった。

慣れないことを習慣にすることは、はじめは大変かもしれない。ただ一度習慣にしてしまえば、当初の大変さは感じなくなる。まずは決めたことを無理やりでもいいから、確実にやり続けよう。そして、身体をどんどんその状態に慣れさせていこう。

POINT

呼吸と同じレベル

■ 行動を習慣化させるために、まずは何をやるかを定める

■ 習慣化するまでの初期に必要なものは忍耐

5 CHAPTER

継続力《けいぞくりょく》の常識《じょうしき》

自分《じぶん》だけでやるよりみんなとやろう

5-4 ｜ 仲間《なかま》と一緒《いっしょ》にやろう

自分《じぶん》1人《ひとり》でやらずに仲間《なかま》を誘《さそ》ってやってみる

いいところ悪《わる》いところを盗《ぬす》みながら行動《こうどう》してみる

なかなか続けられない人でも、継続力を高めるとっておきの方法がある。それは**「誰かと一緒にやってみる」**ということだ。

なかなか成果につながらない人でも、パーソナルジムや個別指導の塾が成果につながりやすい理由がまさにこれ。誰かに見てもらいながらやると、続けやすくなるのだ。

新社会人時代の僕はとにかくテレアポ（電話営業）が嫌で嫌で仕方がなかった。企業に売り込みの電話をすると、ガチャ切りは当たり前。「何度断ればわかるんだよ」と電話越しに、怒鳴られることもしばしばだった。

嫌々やってるわけだから、当然腰が重い。継続的に行動できない。そんな僕を見かねたトップセールスの先輩が「今日から毎日1時間、決まった時間に一緒に電話をかけよう」と誘ってくれた。

決められた時間に、誰かと一緒にやる。これをやることで、「自分との約束」は「仲間との約束」に切り替わった。うまくアポイントが取れればほめてくれる人がすぐ近くにいる。うまくいかなければ的確なアドバイスをしてくれる。

人間誰しもそうだが、1人でやり続けるのは簡単なことじゃない。目標に向かって一緒にやってくれる人がいるから、周りに引っ張られて自分も頑張れる。

新しいことに挑戦してみる時は、誰か周りを誘って取り組むことをおすすめする。

POINT

仲間と一緒にやろう

■ 自分一人でやらずに仲間を誘ってやってみる

■ いいところ悪いところを盗みながら行動してみる

継続力《けいぞくりょく》の非常識《ひじょうしき》

無《む》理《り》をするから継《けい》続《ぞく》できない

5-5 | 目標《もくひょう》は低《ひく》く

小《ちい》さな目標設定《もくひょうせってい》で継続《けいぞく》する癖《くせ》を身《み》につける

クリアできたら、そこからちょっと上《うえ》の目標《もくひょう》を設定《せってい》する継続したいと思っても三日坊主でやめてしまう。やろうと思って始めてもなかなか続けることができない。

そんな人は**「目標を低く設定」**してみよう。

本来なら「高い目標を設定し、頑張って頑張ってそれを乗り越えることがいいことだ」と思うかもしれない。ただ、継続力がまだまだ足りない人がいきなり高い目標設定をしても、それは「高い壁」にしかならない。やるべき課題が多すぎて、きつくなる。結果、やめてしまうのがオチだ。

大きな目標設定をして達成できるに越したことはない。でも、まずは小さな目標設定でいいので「続けるための癖」をつけることから始めてみよう。

新社会人時代の僕はまさにそれ。とにかく成果が出なかった。同期入社が25名いたなかで、1年目の営業成績がダントツで最下位だった僕。周りのメンバーは高い売上目標をどんどんクリアし、確実に成果につなげていた。

僕も負けじと、売上目標や商談件数など高い目標設定をして挑んだ。でも、実績も能力も足りない僕に、その高い目標をクリアするための行動ができるわけがない。いくら頑張っても、数字につなげることはまったくできなかった。

数字につながらないと、自信もどんどんなくなっていく。商談でも自信のなさが浮きぼりになる。通常なら決められる契約も決まらなくなった。そんな悪循環な状況から脱出することができたのが「小さな目標設定」である。

まずは**「自分が今できるちょっと上のレベル」**まで目標設定を落としてみた。売上目標や商談件数は、僕にはまだまだハードルが高すぎる目標だ。

1時間に15本電話営業していたのを、16本にしてみよう。

「朝8時の出社」を、「朝7時55分の出社」に変えてみよう。

毎日5分だけ営業ロープレを聞いてもらおう。

このくらいの目標設定からスタートしてみた。目標が高くないから、短時間でクリアできる。クリアしたらその次は「クリアした目標よりちょっと上の目標」を設定してみる。

できないことができるようになるのはオモシロイ。オモシロイから「さらに頑張ろう」と思える。「さらに頑張ろう」と思えるから、継続できる。「継続できない大きな目標」をいつまでも掲げているよりも、「ちょっと頑張ればクリアできる小さな目標」を設定しよう。そうしてコツコツとレベルアップしていくほうが、はるかに簡単なのである。

POINT

目標は低く

■ 小さな目標設定で継続する癖を身につける

■ クリアできたら、そこからちょっと上の目標を設定する

5 CHAPTER

継続力《けいぞくりょく》の非常識《ひじょうしき》

仕事《しごと》を遊《あそ》びにしてしまう

5－6 ｜ 仕事《しごと》は遊《あそ》び

面白《おもしろ》くないと続《つづ》かない、オモシロイを自《みずか》ら作《つく》ってみる
「記録《きろく》する」を実行《じっこう》し成長《せいちょう》を体験《たいけん》することで継続《けいぞく》できる

学生時代の僕のバイトはピザ屋のデリバリー（配達）だった。高校1年生からバイトを始め、大学を卒業するまで7年間一つのバイトをやり続けた。やったことがある人ならわかると思うが、デリバリーのバイトはかなりしんどい。

ピザの配達がしんどいわけではない。第2章の行動力でも話したが、デリバリーの仕事でバイトたちが共通して嫌がるポスティングがしんどいのだ。

広告チラシをポストに一軒一軒投函していく地道で体力のいる仕事。僕のバイト先は程よい田舎にあったため庭の広い住宅が多く、玄関口のポストまでなかなか長かった。

マンモス団地なんて最悪だ。エレベーターがないから、上から下まで駆け上がり、一軒一軒ポストに投函していく必要がある。夏場は暑くて汗だく、冬場は手の感覚がなくなるほど寒かった。

デリバリーのバイトはバイクの免許が必要なため、ほかの飲食店と比べて時給が高額。バイトの応募はひっきりなしにある。でもこのポスティングがあるせいで、多くのバイトが嫌になって辞めていくのだった。

行動力の章で話した「仕事をゲームにする」は、僕の教育係だった先輩からの受け売りだ。誰もが嫌がるポスティングを率先してやっていけた行動力の話は、実は継続力にもつながる。

なぜこれだけ過酷な仕事を楽しんで続けることができるのか。不思議に思った僕は先輩に思い切って楽しみながら続けるコツを聞いてみた。帰ってきた言葉は「仕事を遊びにしてしまえばいいんだよ」だ。

先輩のバイトのやり方は、ほかのバイトたちと違って面白かった。まずポスティングにバイクを使わない。ただでさえしんどいのでみんなバイクでポスティングをする。

「ポスティングはトレーニング」それが先輩の口癖で、野球をやっていた先輩はチラシ配りをトレーニングのつもりでやっていたらしい。「身体を鍛えられてお金ももらえる、こんなありがたい仕事はない」と言った。

配達の仕方も独特だった。配達のタイムを測り、一番効率的な道順をゲームの攻略のように記録していた。さらには、差し入れをくれるおばちゃんの家、いつも優しく声をかけてくれるおじちゃんの家などを地図に記録していた。楽しみながら仕事ができるための工夫が随所にあった。僕はこれを完全に真似をした。

結果、先輩は僕が辞めた後に社員になり、10年以上その仕事を続けたらしい。

ここから学べたことは、行動するにも、継続するにも「仕事を自分でどう楽しくするかはとても大切」ということだ。ただの作業になると面白くないから続かない。辛い仕事、大変な仕事でも、どうすれば楽しくなるか自分なりに目的を設定しよう。楽しむことで続けることができるからだ。

先輩から教えてもらった仕事の楽しみ方は、今の自分の仕事の在り方にも大きな影響を与えてくれた出来事だった。

POINT

仕事は遊び

■ 面白くないと続かない、オモシロイを自ら作ってみる

■ 「記録する」を実行し成長を体験することで継続できる

5

継続力《けいぞくりょく》の非常識《ひじょうしき》

諦《あきら》めるポイントと続《つづ》けるポイントを決《き》めておく

5-7 ｜ 諦《あきら》めよう

早《はや》めに諦《あきら》める（切《き》り替《か》える）ことも大切《たいせつ》である
すぐに次《つぎ》の行動《こうどう》に切《き》り替《か》えて実行《じっこう》していく

「最後まで諦めるな」

この言葉をかけられたことはないだろうか。僕はこれまでの人生で、何度もこれを言われ続けてきた。部活でバスケの練習をしている時も、仕事で営業数字を追いかけている時も、先輩や上司たちからは「一度決めたことは最後まで諦めずにやり抜け」と教えられてきたものだ。

果たして本当にそうなのだろうか。

続けるためには当然ながら「続けるための時間」が必要だ。行動力の章でも「すぐにやること」の大切さは伝えてきた。色々なことにチャレンジしようとすると、続けるための時間はどんどん少なくなっていく。

だからこそ、意味のないこと、成果につながらないことは早めに諦めて新しいチャレンジに立ち向かうことも必要になってくる。尊敬する経営者が教えてくれた。

「**諦めるということは、次に切り替えることでもある**」と。

まさにその通りだと思う。限られた時間を有効活用するためにも、一度決めたら諦めずにやりきることも大切だろう。でも、よりよい一手に切り替えて続けていくほうがよっぽど生産的な時もあるだろう。

僕も周りから「よくそれだけたくさんの量を続けることができるね」と言われることがある。2018年からXを始め、2020年からはYouTubeでの配信をスタートした。成果が出るまでは、ポストは1日50本を毎日継続した。YouTubeもチームの協力を得て、ショート動画やライブ配信などほぼ毎日投稿し続けた。

あまり知られていないかもしれないが、実はここに至るまでにInstagramやNoteでの配信も試してみた。ただ、これらは3か月もしないうちにやめてしまった。写真を撮ることが得意ではなかった。長文の文章を書き続けることも自分には向いてなかった。そう感じた瞬間、すぐやめることにした。

もしも、これらを中途半端に続けていたとしたら、XとYouTubeを続けるための時間は奪われていただろう。結果、今のような成果を得ることはできなかっただろう。得意なところや好きなことに注力するから、続けられる。続けられるから、成果につながるというわけだ。

ここで注意点を一つだけ。

嫌なことや苦手なことを、ただ諦めればいいというわけではない。**諦めてから何に時間を使うかが重要**なのである。つまり、「どう切り替えるか」が大切なのだ。

やりたいことは色々試してみたらいい。ただ時間を有効活用し、継続していくために、時にはすぐにやめて切り替える。これも、とても重要なのである。

POINT

諦めよう

■ 早めに諦める（切り替える）ことも大切である

■ すぐに次の行動に切り替えて実行していく

CHAPTER 5

継続力《けいぞくりょく》の非常識《ひじょうしき》

100人《にん》に伝《つた》えても続《つづ》けられるのは1人《ひとり》だけ

5-8 | 誰《だれ》もやらないからやる

100人《にん》に伝《つた》えても続《つづ》けられるのは1人《ひとり》だけ
誰《だれ》も継続《けいぞく》できないからこそ差《さ》が生《う》まれるチャンスとなる

ここまで僕の経験や体験をたくさん話してきた。

最近では、企業や学校に招待されて講演で話をする機会も増えてきた。「社会人になる前に知っておけばよかったな」という内容を中心に話をすることが多い。「参考になった」という声をいただくことも、しばしばある。

この本を読んでくれているまさにあなたも、

「今日から実践してみよう」
「意識と行動を変えてみよう」

と意欲がわいて、気持ちが高ぶっているかもしれない。それはとてもいいことだ。この本を閉じた瞬間から試せるものを、ぜひたくさん試してみて欲しい。

ただし、僕のこれまでの経験から一つだけ言えることがある。

100人に伝えても
やり続けるのは1人だけ。

研修やセミナーで勉強をするとしよう。「聞いた瞬間が一番沸点が高い」というのが人間の常識だ。一番やる気になっている。「今日から変わろう」とみんなが意気込んでいる。

でもね、会場を後にし、家に帰り、ご飯を食べて、布団で寝る。そして、朝起きると3分の1の人は、昨日聞いた話をすっかり忘れて普段の日常に戻っている。1週間もすれば半分の人が忘れる。1か月後も教えてもらったことをちゃんと行動に移している人は1割もいないだろう。

ましてや1年間それを続けられる人なんていうのは、100人中1人いるかどうかだ。

それだけ「継続すること」は難しい。みんなその瞬間はやる気になるが「面倒くさいな」、「今日はやめとくか」ということが積み重なって、積み重なっていく。そして、結局、やらなくなっていく。

逆に考えてみて欲しい。これってチャンスじゃない。

だってみんながみんな継続してしまっては、頑張って続けたとしても差はつかない。でも、**やらなくなる人がほとんどなら、自分が続けさえすれば確実に差が開いていく**わけだ。

継続力がある人は知っている。「みんなやろうとするけれど、続けられる人はほとんどいない」ということを。続けるだけで差がついていくのだから、成果を上げたい人は、正しい努力を重ねればいいだけなのだ。

POINT

■ 誰もやらないからやる

■ 100人に伝えても続けられるのは1人だけ

■ 誰も継続できないからこそ差が生まれるチャンスとなる

6 CHAPTER

4つの力《ちから》を加速《かそく》させる大切《たいせつ》な姿勢《しせい》

6 CHAPTER

大切《たいせつ》な姿勢《しせい》

「ありがとう」はビジネスで一番《いちばん》使《つか》う言葉《ことば》

6-1 | 御礼《おれい》を伝《つた》える

「ありがとう」をたくさん使《つか》うことを意識《いしき》する
感謝《かんしゃ》の気持《きも》ちの発信《はっしん》はコミュニケーションを円滑《えんかつ》にする

仕事をしているなかで一番使う言葉は何だろうか。気になって調べてみたことがある。ダントツに多かった言葉、それが「ありがとう」だった。

感謝の気持ちを伝えることはとても大切なことだ。

多くの仕事では誰かと協力しながら仕事を進めることが前提となる。チームワークは必要不可欠だ。そのチームワークを強くするためには、相手を気遣うコミュニケーションが必要だ。そのコミュニケーションのシンプルなカタチが、感謝の気持ちを伝えること。

僕は元々福岡県の出身だ。県民性かどうなのか、わからないが、何かをやってもらったら「すみません」というのが一般的だった気がする（時と場合によってはもちろん「ありがとう」も使うが）。

落としたものを拾ってもらったら「すみません」。

仕事で助けてもらったら「すみません」。

席を譲ってもらったら「すみません」。

もちろん、これは僕だけの感覚かもしれない。ただ、当時の僕は誰かに何かをしてもらった時、「やってもらって申し訳ない」という気持ちが強かった。「すみません」という言葉を発することが多かった。

社会人になり、大阪に来てから言われたのは、「この場合はすみませんじゃなく、ありがとうだよ」ということだ。言われた側はそのほうが気持ちがいいからそうしろ、と教わった。

少し話は脱線したが、仕事においても、仕事じゃなくても、常に「ありがとう」という感謝の気持ちを伝えることを意識して実行していって欲しい。この当たり前のことを徹底するだけで、仲間とのコミュニケーションは円滑に進んでいくはずだから。

POINT

■ 御礼を伝える

■「ありがとう」をたくさん使うことを意識する

■ 感謝の気持ちの発信はコミュニケーションを円滑にする

6 CHAPTER

大切《たいせつ》な姿勢《しせい》

選《えら》ぶためにしなければいけない選《えら》ばれる努力《どりょく》

6-2 ｜ 選《えら》ばれる努力《どりょく》

選《えら》ばれるためには選《えら》ばれるための理由《りゆう》を作《つく》らなければいけない
はじめは経験《けいけん》や実績《じっせき》を作《つく》るための下積《したづ》みも必要《ひつよう》な時《とき》がある

時と場合によっては、仕事は理不尽な要求にも応えなければいけない。悪くなくても謝らなければいけない。嫌な上司とも付き合っていかなければいけない。そんな感覚を持っている人は多いだろう。

それが嫌だったことも、僕が起業した理由の一つである。

好きなことを、好きな人と、好きなようにやりたい。そんなわがままが叶うならどれだけ幸せか。それを実現するために会社を創ったわけだ。誰でも嫌なことはしたくない。「好きなことだけをしたい」と思うのは当たり前の感覚かもしれない。

嫌な相手からの仕事は受けない。
価値観の合わない人とは仕事をしない。
価格交渉してくる相手の要求を断る。

でも、これをビジネスで実現するのは簡単なことではない。

何があればこれらを実現できるのか。

それは**「選ばれる理由」**である。

仕事を選び、人を選ぶためには、自分たちの側に「選ばれる理由」がなければいけない。「好きな人とだけ仕事をします」、「価格交渉はお断りします」と宣言したとしても、その会社に魅力がなければ、人は集まらない。仕事を選べなければ、食べていくために嫌な仕事も受けていかなければいけない。

会社も人もそうだ。**選びたいなら、選ばれる理由を作らなければいけない**。

この選ばれる理由づくりは、言葉で言うのは簡単。でも、カタチにするのはかなり難しい。実績もない、経験値もない、そんななかで「仕事を選びます」と言ったところで、誰も見向きもしない。

今でこそ、僕らの会社はお客様を選ばせてもらっている。変化を嫌う会社、経営者にビジョンがない会社、価格だけでサービスを決める会社、こちらに仕事を丸投げする会社、自分たちの会社もこちらの会社も社員を大切にしない会社。そんな会社からの依頼はどんなに頼まれても、どんなにお金を積まれても、断るようにと社員に伝えている。

もちろん、最初からそれができていたわけではない。経験や実績がないなか、選ばれる理由を作るために、はじめは値引き交渉にも応えていた。「合わないな」と感じたお客様の仕事も受けていた。

大切なのは、**「いつまでも、そのままではいけない」**ということだ。

サービスの価値が高くなれば、選ばれる理由になる。選ばれるということは、選べる会社になるということ。最初は嫌なことや失敗を繰り返しながら、少しずつ選ばれる会社、選ばれるビジネスパーソンになろう。そうすれば、あなたの仕事における価値は少しずつ高くなっていくはずだ。

POINT

選ばれる努力

■ 選ばれるためには選ばれるための理由を作らなければいけない

■ はじめは経験や実績を作るための下積みも必要な時がある

6

大切《たいせつ》な姿勢《しせい》

誰《だれ》も選《えら》ばない選択《せんたく》はあなただけの体験《たいけん》となる

6-3 | 厳《きび》しい選択《せんたく》を

楽《らく》なほうと厳《きび》しいほう、時《とき》に厳《きび》しい選択《せんたく》が成長《せいちょう》につながる
「無理《むり》だ、やめておけ」は実《じつ》はチャンスであることも

繰り返しになるが、人生は選択の連続である。

大きな選択から小さな選択まで、毎日、たくさんの選択をしながら生きていかなければいけない。

選択をする時の一番簡単な方法。それは損得で決めることである。メリットが多いかデメリットが少ないか。自分にとってプラスかマイナスかで決めることは、決して悪いことではない。僕も時に「損得」が一つの選択基準になることはよくある。

でも、損得に加えて、さらに大切にしている選択基準が、僕にはある。

それは**「ワクワクするかどうか」**だ。

前職時代、仕事を心から楽しんでいる上司から、こう言われた。「頭で決めるな、心で決めろ」と。僕の考え方を変えてくれた印象的な言葉だった。

起業する前は大阪支社の責任者をしていたことから、同年代と比べて2〜3倍の給料をもらっていた。でも、起業するということは、売上ゼロからのスタートになる。給料は6分の1になった。デザイナーズマンションから、風呂なし家賃6万円、築35年の古いマンションに移らなければならなくなった。

周りからは「なぜ、今の楽な生活を捨ててまでリスクを取る必要があるのか」と不思議がられたものだ。安定した生活を捨ててまで、厳しい選択をした理由。それこそ「ワクワクするかどうか」だった。

今だけを見れば、これまで通りの仕事を続けるほうが楽だったかもしれない。ただし未来を考えた時、よりワクワクするほうを選んだわけである。

前職の僕の上司の口癖に「人生プラスマイナスゼロ」という言葉がある。目的のある困難や苦難をたくさん経験すればするほど、そこから得られる楽しさも同じ幅で返ってくるという考えだ。まるで振り子のように。

誰もやらないことをやろうとすると、「そんなの無理だ」、「絶対にやめておけ」そう否定してくる人は必ず出てくる。僕も起業する時、何人もの人に言われてきた。でも、**これを言われた時こそ大きなチャンスだ**。

誰もやらないことにチャレンジするということは、いいことも悪いこともそれだけ振れ幅が大きい。やってみて駄目だったらすぐに切り替えたらいいだけの話だ。やりたいことがあるのに、やらないで後悔するほうがもったいない、と僕は思う。

いつもと同じ選択から得られる成果は、いつも同じ。でも、良くも悪くも違う選択、厳しい選択からは、これまでにない成果を得ることができる。「ワクワクするかどうか」時にはこの基準で判断して、厳しい選択にもチャレンジしてみて欲しい。

POINT

厳しい選択を

■ 楽なほうと厳しいほう、時に厳しい選択が成長につながる

■ 「無理だ、やめておけ」は実はチャンスであることも

大切《たいせつ》な姿勢《しせい》

誰《だれ》かと比較《ひかく》するのをやめてみよう

6-4 ｜ 比較《ひかく》をしない

妬《ねた》みや嫉妬《しっと》を含《ふく》んだ比較《ひかく》はネガティブな感情《かんじょう》を生《う》み出《だ》す

誰《だれ》かではなく、昨日《きのう》の自分《じぶん》と比較《ひかく》して小《ちい》さく超《こ》えていこうここまで「ライバルを見つけよう」、「誰かの真似をしよう」といった話をしてきた。切磋琢磨《せっさたくま》し合える仲間がいることは、やる気を奮い立たせてくれるからだ。成果を残している人の真似をすることは、成果への近道だからだ。

でも、ここでもう一つ伝えたいことがある。

それは、**「比較をしない」**ということだ。

僕は社会人1年目の時にうつ病になった。なかなか思うように成果が残せず、仕事が辛くて心を壊してしまった。誰かと話をするのもしんどい。会社にも行きたくない。朝起きるとまぶたは重く、身体はだるく、何もやる気が起きなかった。

うつ病の引き金になった理由の一つが「比較してしまう」だった。

同期入社と比較してもアポイントが全然取れない。営業に行けば緊張してしゃべれない。仲間たちとの売上の差はみるみる広がっていった。

「なぜ、みんなできてるのに僕にはできないのか」
「あんなにお客さんを獲得して羨ましいな」
「自分はやっぱり駄目な人間なんだ」

周りと比較してはネガティブな感情ばかりがあふれていた。第5章の「負のスパイラル」でも伝えたが、ネガティブな結果は、よりネガティブな結果をまねきがちだ。僕はどんどんと「負のスパイラル」に落ち込んでいくのだった。

「目指す相手やライバルを作ること」と「比較すること」は似ている。どちらも他人と自分を比べるからだ。でも、決定的に違う点がある。それは「相手に対するリスペクト（尊敬や敬意）」だ。

先の文脈で僕が使っている「比較」という言葉には、妬みや嫉妬の感情が含まれている。仲間が売上を上げても素直に喜べない。むしろ、契約が決まらなければほっとする。ここに、リスペクトの気持ちはない。

本来であれば仲間の契約を喜ぶべきだ。でも比較ばかりしていると、リスペクトする余裕すらない状態に追い込まれがちになる。そのような状態でいきなり「リスペクトしろ」と言っても無理。まずは、心の余裕を作ることが先決だ。

心に余裕のない人への特効薬。
誰かと比較するのをやめてみよう。

周りと比較するのを、思い切ってやめるのだ。じゃあ誰と比較するのか。まずは「自分と比較」してみよう。他人の高い売上目標と比較するから、しんどくなる。たとえば飛び込み営業。誰かの受注金額と比べると、しんどい。過去の自分の訪問件数を超えることから始めよう。

昨日30件訪問できたなら、今日は31件訪問してみよう。

30件の訪問に1時間かかっていたとするのなら、今日は59分以内に終わらせよう。

継続力の章で話した通り、まずは自分のなかでの小さな目標設定をクリアしていくこと。そして、少しずつ自信をつけていくこと。人は人、誰かと比べない。決して無理をしてはいけない。こうやって小さな成功体験を繰り返していくなかで、過去の自分を超えていく。僕がうつ病から抜け出すことができた一つのきっかけ、それが「誰かと比較をしない」だったのだ。

POINT

比較をしない

■ 妬みや嫉妬を含んだ比較はネガティブな感情を生み出す

■ 誰かではなく、昨日の自分と比較して小さく超えていこう

CHAPTER 6

大切《たいせつ》な姿勢《しせい》

パフォーマンスと睡眠時間《すいみんじかん》の重要性《じゅうようせい》

6-5 | しっかり寝《ね》る

睡眠時間《すいみんじかん》が少《すく》ないとパフォーマンスの低下《ていか》につながる
時間《じかん》を決《き》めて集中《しゅうちゅう》することで生産性《せいさんせい》を高《たか》くする

社会人になったばかりの時は、大きな成果を残すためには、寝る間も惜しんで働かなければいけない。そう信じて疑わなかった。

人の2倍、時には3倍努力することで差がつく。成果につながる。たしかに僕自身、起業した当時はがむしゃらに働いていた。朝早くから深夜遅くまで新規営業に時間をかけていた。

これまでにも伝えたが「量をこなすこと」は、成果を生むためには大切な要素であるからだ。ただし、寝る時間を削りすぎてもやる。それが果たして成果につながるかというと、決してそんなことはない。そんなケースを幾度となく見てきた。

僕の友人に、Bくん、Cくんという二人のビジネスパーソンがいた。

Bくんは朝の8時から夜中の3時くらいまで、まさに馬車馬のように働いていた。

Cくんも同じく朝の8時から働き出すのだが、夜は決まって19時か20時くらいには帰っていた。どちらが売上が高かったかというと、圧倒的にCくんの売上が高かった。

働いている時間はBくんのほうが長いのに、成果はCくんのほうが高い。

その理由はなぜか。

一言で言うと**「集中力の違い」**だ。

Bくんには仕事の時間制限がない。夜遅くまで残っているのだが、時には別のことをやりながら進めていた。一方Cくんは、帰る時間を決めている。だから、それまでに仕事を終わらせようと優先順位を決めながら進めていた。つまりCくんは時間をうまく有効活用していたのだ。

さらには、深夜まで仕事をするBくんは朝、眠い目をこすりながら仕事に取り組む。当然、抜けや漏れも目立つ。加えて、しんどそうに仕事をする姿を見せていれば、お客様から見抜かれ、仕事の契約にもつながらない。

これは僕自身に言い聞かせるように話そう。**「仕事は時間を決めて取り掛からなければいけない」**と。そして、「最低限の睡眠時間は確実に確保しなければいけない」と。目的もなくただダラダラと取り組み、「仕事をやっているつもり」になるのは非効率で身体にも悪い。

新社会人になったばかりのころは、わからないことだらけだろう。すでに経験のある社員たちよりも時間を費やさなければいけないこともあるだろう。ただ、無駄なハードワークは、逆に効率を落としかねない。そんなことも頭に入れながら、自分に必要な睡眠時間を確保して、仕事に取り組んで欲しい。

POINT

しっかり寝る

■睡眠時間が少ないとパフォーマンスの低下につながる

■時間を決めて集中することで生産性を高くする

7

CHAPTER

レベルマップで冒険《ぼうけん》へ旅立《たびだ》つ準備《じゅんび》をしよう

CHAPTER 7

レベルマップで経《けい》験《けん》値《ち》を測《はか》ろう

7-1 | 経験《けいけん》値《ち》チェックリスト

あなたのレベル診断「経験値を測ってみよう」

ここまでで「社会に旅立った当時の僕」に伝えたかったことは、一通り伝えてきた。仕事で成果を出すための基本的な考え方や必要なアクションが、あなたの頭のなかに入ってきたはずだ。

あなたは今、情報が頭のなかに入った状態（インプットされた状態）なのである。

ここでは学んだ経験値を基に、自分自身がどれだけのレベルであるかを診断していきたい。これから実施する最短5分の診断で、あなたの経験値が現在どれだけあるかが今すぐわかる。

巻末の折り込みを、今すぐ開いてみて欲しい。

巻末の「レベルマップ（経験値チェックリスト）」

レベルマップ（経験値チェックリスト）

自分の経験値を測ってみよう

採点基準 ｜ 0点…できない　1点…少しできる　2点…できる　3点…よくできる

仕事力	項目	日付		
		／	／	／
1-1（p40）	時間を大切にする	／3	／3	／3
1-2（p44）	挨拶をする	／3	／3	／3
1-3（p48）	手を挙げる	／3	／3	／3
1-4（p52）	成果の法則を知る	／3	／3	／3
1-5（p58）	好奇心を持つ	／3	／3	／3
1-6（p62）	怖くても挑戦する	／3	／3	／3
1-7（p67）	正しい努力をしよう	／3	／3	／3
1-8（p72）	綺麗ごとをやりきる	／3	／3	／3
合計		／24	／24	／24

思考力	項目	日付		
		／	／	／
3-1（p116）	目的を持つ	／3	／3	／3
3-2（p121）	記録を取る	／3	／3	／3
3-3（p125）	数字で判断する	／3	／3	／3
3-4（p130）	ゴールからの逆算	／3	／3	／3
3-5（p135）	やりたくないを決める	／3	／3	／3
3-6（p139）	逆転の視点を持つ	／3	／3	／3
3-7（p144）	相手視点を持つ	／3	／3	／3
3-8（p149）	「質問だけ」はやめる	／3	／3	／3
合計		／24	／24	／24

継続力	項目	日付		
		／	／	／
5-1（p198）	ゴールがあるから続く	／3	／3	／3
5-2（p202）	成果が出るから続く	／3	／3	／3
5-3（p207）	呼吸と同じレベル	／3	／3	／3
5-4（p212）	仲間と一緒にやろう	／3	／3	／3
5-5（p215）	目標は低く	／3	／3	／3
5-6（p220）	仕事は遊び	／3	／3	／3
5-7（p225）	諦めよう	／3	／3	／3
5-8（p230）	誰もやらないからやる	／3	／3	／3
合計		／24	／24	／24

行動力	項目	日付		
		／	／	／
2-1（p78）	まずやる	／3	／3	／3
2-2（p83）	早く決断する	／3	／3	／3
2-3（p88）	量から質を追う	／3	／3	／3
2-4（p93）	仕事をゲームに	／3	／3	／3
2-5（p97）	真似をする	／3	／3	／3
2-6（p101）	誰かに任せる	／3	／3	／3
2-7（p106）	細かく刻む	／3	／3	／3
2-8（p110）	当たり前の追求	／3	／3	／3
合計		／24	／24	／24

準備力	項目	日付		
		／	／	／
4-1（p156）	時間を使う	／3	／3	／3
4-2（p161）	答えから準備	／3	／3	／3
4-3（p166）	実績で準備	／3	／3	／3
4-4（p171）	琴線を刺激する	／3	／3	／3
4-5（p176）	相手を選ぶ	／3	／3	／3
4-6（p181）	中身を重視	／3	／3	／3
4-7（p186）	おみやげを持参	／3	／3	／3
4-8（p190）	準備をしない	／3	／3	／3
合計		／24	／24	／24

大切な姿勢	項目	日付		
		／	／	／
6-1（p236）	御礼を伝える	／3	／3	／3
6-2（p240）	選ばれる努力	／3	／3	／3
6-3（p245）	厳しい選択を	／3	／3	／3
6-4（p250）	比較をしない	／3	／3	／3
6-5（p255）	しっかり寝る	／3	／3	／3
合計		／15	／15	／15

日付	／	／	／
総合	／135	／135	／135

日付	課題
／	
	改善策

日付	課題
／	
	改善策

日付	課題
／	
	改善策

そこに「レベルマップ（経験値チェックリスト）」と書かれたシートがあるはずだ。このシートを使ってまずは自分の今の経験値を測定してみよう。できているかできていないか、自信がなければ、チェックリストで指定されたページを読んで欲しい。

指定のページに書かれたポイント

0点…できない
1点…少しできる
2点…できる
3点…よくできる

を記入する。各項目の合計点と全項目の合計点があなたの経験値だ。腕試しのつもりで今すぐ経験値を計測してみよう。

経験値から見えたあなたの課題と改善策

経験値の測定はどんな結果だっただろうか。予想通りの数値が出た人、思った通りの結果にならなかった人、それぞれの結果が出たことだろう。

実は、大切なのはここからである。

『レベルゼロ』を読み進めていくなかで、ビジネスで成果を作るための知識や考え方を少しは学べたはずだ。思考力の章でも伝えたが、学ぶことは大切なことである。情報があればあるほど多くの引き出しのなかから、仕事を提案することができるからだ。

最後に、さらに大切なことを伝えよう。

インプット（学ぶこと）以上に大切なこと、それがアウトプット（行動すること）

である。

どんな知識や能力も使わなければ、まったく役に立たない。世の中に「絶対」なんてものはなかなか存在しない。それでも、あえて言う。成果は絶対にアウトプットからしか生まれない、と。準備運動の章から『レベルゼロ』はスタートしてきたが、実はここまでが準備運動みたいなものなのだ。

経験値チェックリストで、あなたの今のレベルを把握することができた。次は今の自分を振り返り、そこから課題と改善策を検討してみよう。

経験値チェックリストの数字を見返しながら、

- **今の自分自身の「課題」は何か**
- **課題に対する「改善策」は何か**

を考えて記入して欲しい。そこに書かれたものが、今日からあなたが意識しながら実行していくアウトプットになってくる。そして、この経験値チェックリストは定期的に測定するようにして欲しい。

「自分自身の変化や成長を数字で見る」ことは重要だからだ。

これまでに話してきた通りだが、数字で変化を知り体験することで、次の3つができるようになる。

・自分の課題に対してピンポイントで対策ができる
・数字の変化がモチベーションとなり継続ができる
・成長の正のスパイラルに突入することができる

「どうやって、この点数を伸ばしていこうか」そう迷った時は、各項目を改めて読みなおしながら、僕のこれまでの体験も参考にしてもらいたい。

レベルマップを活用しながら、最短でのレベルアップを実現していこう。

CHAPTER 7

ゴールを設定《せってい》し 行動目標《こうどうもくひょう》と アクションを 決《き》めよう

7-2 | ゴール設定《せってい》シート

「長期」と「中期」のゴールを設定しよう

次にやっていきたいこと、それは「ゴールから逆算したアクションの設定」だ。

レベルマップの経験値チェックリスト裏面の「ゴール設定シート」を開いてみよう。

このシートは長期ゴール（3年以上かけて達成する目標）から、中期ゴール（1年〜3年未満に達成する目標）を書き出している。そこに向けての行動目標と具体的なアクションに落とし込むためのシートである。

経験値チェックリストで、あなたの今の状態は把握できた。

①長期ゴール

その能力を伸ばしながら、「どんな目標に」「どのように戦っていくのか」を決めていきたい。そのためにまず必要なのが、「長期ゴール」の設定なのだ。

長期ゴールは目安として、3年以上かけて達成していきたい目標を記入してみよう。もちろん5年後、10年後でも大丈夫だ。

「会社の役員になって強い組織を作る」
「お客様から信頼されるトップセールスになる」
「将来起業して上場企業を作る」

など、今時点での長期ゴールで構わない。やっていくなかで長期ゴールが変わっていっても問題ない。まずは、行き先をしっかりと定めることが大切なのである。

②中期ゴール

長期ゴールが設定できたら、次に「中期ゴール」を設定していこう。

これは「長期ゴールを達成するために、1年〜3年未満の短い期間に達成しなければいけない目標」である。

あなたの長期ゴールが「会社の役員になって強い組織を作る」であるとしよう。そのための中期ゴールは、たとえば「3年以内に営業部門のリーダーとなり5名の部下を持つ」になるかもしれない。

長期ゴールから中期ゴールまでがつながっていることを確認しながら、設定してみて欲しい。

8つの「行動目標」と「アクション」を設定しよう

③「行動目標」と「アクション」

ゴール設定ができたら、次は「中期ゴールの達成に必要な8つの行動目標」を設定しよう。中期ゴールを設定すると、それを実現するために達成しなければいけない行動目標が見えてくるはずだ。

先ほど例に挙げた「3年以内に営業部門のリーダーとなり5名の部下を持つ」ために必要な行動目標とは何だろうか。

営業部門のリーダーになるためには、「課題解決できる営業力」や「お客様への信頼ある対応力」などが挙げられるだろう。5名の部下を持つためには、部下を統率する「リーダーシップ」や管理、指示を的確に出せる「マネジメント力」などが必要になるだろう。

このように中期ゴールを達成するための「行動目標」を8つ設定してみて欲しい。

行動目標を設定した後に考えたいのが、行動目標を達成するための「アクション」だ。たとえば、「課題解決できる営業力」に必要なアクションとして、

・課題抽出へのヒアリングができる
・課題を解決する企画力がある
・商品やサービスを適切に伝えられる
・伝わる企画書の作成ができる

など、が必要になってくるかもしれない。

次ページに、誰もがイメージしやすいように仕事ではなくスポーツで、たとえば「バスケットボールでレギュラーになる」という中期ゴールを設定した場合の「行動目標」と「アクション」の入力イメージ図を用意したので参考にして欲しい。

8つの「行動目標」に対して、さらにそれを細分化した8つの「アクション」へ落とし込んでいくという流れだ。こうすることで、「中期ゴール」に対して必要な行動目標と、これから取り組むべきアクション内容が1本につながっていくはずだ。

「バスケットボールでレギュラーになる」という
中期ゴールを設定した場合の行動目標とアクション

スナップを利かせる	全体を把握しながら視野を広く持つ	相手を見ずにパスをする	ビハインドを完璧にできる	ボールを見ずにドリブルをする	レッグスルーを完璧にできる	スクリーンアウトができるようになる	走ってリバウンドを取りに行く	ジャンプ力をつける
ハンドリングが上手くなる	1 パスが上手くなる	相手の前にパスを出す	緩急をつけたドリブルができる	2 ドリブルが上手くなる	ボールを強くつく	フットワーク練習	3 リバウンドが上手くなる	瞬発力をつける
YouTubeでパスが上手な人を研究する	毎日自主練する（月曜のみ休み）	声を出してパスを出すもらう	フェイントを入れて相手を抜ける	毎日自主練する（月曜のみ休み）	左手も右手と同じようにドリブルできる	シュートされたらリバウンドに行く	毎日自主練する（月曜のみ休み）	当たり負けしない身体
ディフェンスサイドステップで一番を目指す	おしりを突き出し重心を低くする	相手の動きを詠む	1 パスが上手くなる	2 ドリブルが上手くなる	3 リバウンドが上手くなる	右手のレイアップが完璧に決まる	シュート飛距離を伸ばす	バックシュートが打てる
ボールに対する執着心	4 ディフェンスが上手くなる	身体の真ん中で相手を止める	4 ディフェンスが上手くなる	★レギュラーになる（個人スキルを高める）	5 シュートが上手くなる	左手のレイアップが上手くなる	5 シュートが上手くなる	フェイントができる
オフェンスからの切り替えを誰より早く	毎日自主練する（月曜のみ休み）	ヘルプやチェンジなどしっかり声を出す	6 身体を強くする	7 心を強くする	8 仲間とのコミュニケーション	脇が開かずまっすぐ綺麗なフォロースルー	毎日自主練する（月曜のみ休み）	バンクシュート練習で横にずれないシュート
10分間フルコートディフェンスできる体力をつける	体幹を鍛えて当たり負けしない身体をつくる	身長を伸ばすために好き嫌いをしない	毎日ボールに触れる	プレッシャーのかかる場面を作って練習する	誰よりも真剣に練習に取り組む	挨拶を誰よりも元気にする	自分から仲間に声をかける	ハイタッチを必ずする
フットワーク、ランの練習で常に1番を狙う	6 身体を強くする	ラダーを使った自主練	自分でゴールに向かっていく	7 心を強くする	失敗を恐れない	コーチの指導に「はい」と返事をする	8 仲間とのコミュニケーション	ごめん、ありがとうをちゃんと言う
練習の切り替えも走る	毎日自主練する（月曜のみ休み）	足を速くする走り込みをする	最後まで諦めない	毎日自主練する（月曜のみ休み）	自分から真っ先に手を上げる癖をつける	わからないひとがいたら教えてあげる	一番声を出す（意識からはじめる）	ナイスシュートどんまいの声をかける

行動目標とアクションに「期限」と「評価」をつけよう

④「期限」と「評価」

行動目標とアクションが定まれば、最後に期限と評価をつけていこう。

アクションに期限を設けることはとても大切だ。

「いつまでに」、「何をやるのか」が明確になると、それが実行できたかできていないかの判断ができる。もしも予定通り実行できていないとしても、さらなる対策を練ることができる。

もう一つ大切なことが評価である。

「今日から目標に対してこれをやっていこう」と決めるのは重要なこと。でも、さらに重要なのが、「それを実践した結果どうだったのか」を振り返ることだ。目標設定するだけでは成果につながらない。やりっぱなしでは意味がないから。

期限と評価の項目には、いつまでに何をやるのかを記載しよう。そして、それができたかどうかを振り返るための時間を設けるようにしてみよう。サインは○×でもいいし、✓でもいい。それぞれのやり方で問題ない。

おわりに

レベルゼロの本当の意味

もしかすると、不思議に思った人もいるかもしれない。「レベルゼロって言うけど、経験値0はレベル1からスタートするじゃないか」まさにその通りだ。

経験値0から始まる冒険のスタートは、レベル1からである。

レベルゼロに込められた本当の意味。

それは**「まだ冒険に旅立つ前から読んで欲しい」**という想いが込められている。

冒頭でも伝えたが、この本は「社会に出る前の自分自身に向けて書いた本」である。

社会に出たばかりの何も仕事についてわかっていない新卒の自分。これから社会に出ようとする大学生の自分。もっと言うと、「将来のことなんて何も考えていなかった高校生とか、中学生くらいの自分」に読んで欲しかった。そんな想いがある。

人生において最も貴重なもの。

何度も言う。それは「時間」だ。

どれだけお金を稼ごうと、地位や名誉を得ようと、みんな平等に与えられているもの、それが時間である。では、残された時間がたくさんある人は誰であろうか。

それは子供だ。次世代を担う子供たちこそがその時間を一番持っていることは言うまでもない。一番成長する、一番変化する可能性を秘めているのは子供たちだ。

これから社会という冒険の旅に出るレベル1の大人たちだけではなく、まだまだ冒険の旅に出る前のレベル0の子供にも読んで欲しいビジネス書。書籍のタイトルを『レベルゼロ』にした想いがここにある。

人生の選択肢が増えるきっかけに

恥ずかしながら、僕は高校受験も大学受験も「将来これがやりたい」という熱い志を持って志望校を決めたわけではない。「とりあえず偏差値で狙えるからここにしよう」と、行き当たりばったりに選んだ。

今振り返るとつくづく思う。「めちゃくちゃ、もったいなかった」と。

社会に出て、目的を決めて動く力が徐々についていくなかで、「ああ、この考えを学生のころから持っておけば、さらに早く今の自分にたどり着けていただろうな」と痛感する場面が多くあった。

もっと早くにビジネスに触れていれば、おそらく違う選択肢もあったのではないか。

多くの子供たちにこの本を手に取ってもらい、将来の選択肢を少しでも増やすきっかけになるよう、わかりやすさと読みやすさを意識して書くことにした。

全国の学校へ、この本よ届け

大人だけではなく、子供たちにもこのビジネス書を読んで欲しい。大阪にある小さな会社の社長がそう願ったところで、実現することは簡単なことではない。

「どうすれば一人でも多くの子供たちに、手に取ってもらえるだろうか」

そこで思いついたのが「学校の図書館に寄贈しよう」ということである。

学校の図書館にこの本が置かれれば、子供たちの目に触れる機会は格段に増えるはず。「日本中の学校の図書館にこの本を寄贈することができれば、当初の想いを少しでも実現できるんじゃないか」と考えたのである。

ただ、ここで課題が生まれる。

「どうやってビジネス書を学校に寄贈するのか」という課題だ。より多くの学校にこの本を知ってもらったり、書籍を準備したり、配送したりすること。それは、準備にも実行にも時間とお金がかかる。とても僕たちだけの力でやりきることは難しい。誰かの力を借りないといけない。

そんな時に目をつけたのがクラウドファンディングである。たくさんの会社や大人を巻き込みながら、ビジネス書を学校の図書館に寄贈するプロジェクト。これが実現できれば、より多くの学校にこの本を届けることができる。

クラウドファンディングサイト「CAMPFIRE」を利用し、支援を呼びかけたところ多くの賛同を得ることができた。多くの大人たちが「子供たちに早期にビジネスに触れさせたい」という想いに共感してくれたのだ。

支援してくれた大人の紹介

もしかすると、この本を今、学校の図書館で読んでくれている子供もいるかもしれない。それが実現できたのも、たくさんの大人たちがクラウドファンディングを通じて、この本を全国の学校の図書館に寄贈することを応援してくれたおかげである。

教育機関への寄贈を応援してくれた企業

ソルー株式会社・三和建設株式会社・株式会社イヴレス・株式会社 FILL LIGHT・株式会社北の達人コーポレーション・株式会社 BUDDICA・株式会社ハッピー商店・株式会社 START IT UP・ネクスウェイブ株式会社・RE/MAX sakura（株式会社きのや）・株式会社シー・ビー・ティ・ソリューションズ・吉川化成株式会社・株式会社ジルベルト・株式会社ニュービレッジ・株式会社グリットシール・TOPWORKS 株式会社・株式会社ミライユ・株式会社スウィーク・株式会社 ES フィールド・税理士法人レディング・株式会社 BALSA・株式会社ラナソフト・株式会社トライシード・グローバルパートナーズ株式会社・株式会社マイキャリア・株式会社 Intermezzo・キューアンドエー歯科医院・リブウェルグループ・ファーストクラス株式会社・株式会社いま・ここ・株式会社関西ユアイノベーションパートナー・有限会社 ZERO ホールディングス・株式会社エミシス・アルファ綜合サービス 株式会社・クロスキャピタル株式会社・マイキャリア株式会社

教育機関への寄贈を応援してくれた個人

矢野貴之・金谷武・米村歩・原木一優・小松宣郷・はせがわてつじ・山口慶明・増田亮太・内藤秀一・浅井慎吾・勝友美・出射新也・丸山翔太郎・宮口翔・たじりさん・平川康治・松浦直輝・茂野明彦・保積雄介・あや社長・ことく校長・竹村義宏・刀禰毅・松田拓也・田中優大・諸戸友・甲斐丈崇・近藤大介・Hanseulmaro Kim・名倉誉裕・今城欣弥・平井裕・津江靖久・北川一哉・藤内孝幸・石合克利・梯祐弥・酒井勇輝・西崎康宏・日置翔太・長門勇真・古賀義夫・福井朋子・相澤和弥・佐藤翔・園田征史・小林雄太・日笠卓哉・鈴木達也・田鹿将文・ジャウェンティン・天野康博・湯浅さやか・水口菜希・大藪賢志・山根鉄平・星野圭美・木村真子・Yuta okabe・上田明法・米山矩和・島内佑規・枌谷力・山田あみ・金森清美・上田智之・京和将史・八幡順子・小平一貴・堤寛夫・三浦陽平・谷口・早苗洸輝・東信介

僕たちの思いに共感していただき、一緒になってこのプロジェクトを盛り上げてくれたみなさんに改めて御礼を伝えたい。みなさん本当にありがとうございました。

さあ、冒険の旅に出かけよう

今回、人生ではじめて「ビジネス書を書かないか」という依頼を受け、本書を執筆した。

正直に言うとかなり迷った。本を書くこと自体に迷ったわけではない。「何を書くか」でとても頭を悩ませたのだ。それはそうだ、世の中には自分なんかよりも、もっと凄い成果を出している人が書いた、もっともっと凄い本がたくさんあるわけだから。

「まだまだ未熟な僕に、何が書けるのだろう」

それはまるで出口のない迷路をウロウロと彷徨《さまよ》うような感覚だった。考えても考えても何を書けばいいのか答えが出ない。このまま考えたところで答えは出ない。僕は思い切って方針転換をすることに決めた。

「何を伝えるか」ではなく、「誰に伝えるか」

何を伝えるか迷ったところで、僕の未熟な経験値では凄い人以上に意味のある本を書くことはできない。じゃあどうすれば一番自信を持って書くことができるだろう。出した答えは「自分が一番伝えたい人に書くこと」だった。

「何を伝えるか」ではない。これまで学んできた自分自身の経験を「誰に伝えるか」という視点で考えてみた。すると、驚くほどすんなりと答えにたどりつくことができたのだ。

自分の経験を誰に一番伝えたいか、それは「社会に旅立つ前の自分」だ

冒頭でも伝えたが、タイムマシーンに乗って社会人になる前の自分に、経験のバト

ンを渡せるとしたら、もっとたくさんの選択肢があったことだろう。

時間を戻すことはできないが、当時の自分と同じ年代の若者たちにこの経験を伝えることはできる。これこそ僕が一番伝えたい相手で、一番熱量を持って伝えられる本になるのではないか。これが『レベルゼロ』を書こうと思ったきっかけである。

ビジネスの世界に飛び込む前から読んで欲しいビジネス書

繰り返す。僕は高校受験も大学受験も「将来これがやりたい」という大きな志を持って志望校を決めてきたわけではない。「とりあえず偏差値でこのくらい狙えるからここにしよう」。そんな目的のない選択で進路を選んできた。

社会人になって20年以上が経つ。仕事を通じて、成果を作るために必要な力（ビジネスの経験値）を少しずつ身につけてきた。

そこでわかったことがある。

もっと早くにビジネスで生きる経験値をためていれば、もっと早い段階で新しい選択肢が生まれていたんじゃないか。

本書は「すでに仕事にかかわる大人」だけに向けた本ではない。

これからビジネスの世界に飛び込む多くの学生たちにも読んで欲しい。この本を手に取ってくれたあなたの人生が、僕の経験を伝えることで小さな一歩でも前に進む〝きっかけ〟になったなら、これほどうれしいことはない。

どんな大きな困難が立ちはだかっても、決して自分に負けないように。

さあ、ビジネスというオモシロイ冒険に旅立とう。

【教育機関 書籍寄贈プロジェクト】のご案内

https://qrtn.jp/burqhg2

■リンク先はトゥモローゲート株式会社ホームページ内のサイトになります。■PC ／スマートフォン対象（一部の機種ではご利用いただけない場合があります）。■パケット通信料を含む通信費用はお客様のご負担になります。■システム等のやむを得ない事情により、予告なくサイトの公開や本企画を中断・終了する場合があります。■企画はトゥモローゲート株式会社が管理・運営するものとなります。株式会社ＫＡＤＯＫＡＷＡではお問い合わせ等をお受けしていません。

【お問い合わせ】
トゥモローゲート株式会社
https://tomorrowgate.co.jp/contact/

※2024 年 5 月現在の情報

西崎康平（にしざき こうへい）
トゥモローゲート株式会社 代表取締役 最高経営責任者。1982年4月2日生まれ福岡県出身。新卒で人材コンサル会社に入社し、25歳で執行役員を経て、2010年にトゥモローゲート株式会社を設立。同社代表取締役・最高経営責任者に就任。ビジョンに向かうブランド戦略を軸に、本質的な企業ブランディングから、採用ブランディング、サービスプロモーションまで幅広い領域をサポート。常識にとらわれない企画力は第91回毎日広告デザイン賞部門賞、第44回日本BtoB広告賞金賞（企業PRの部）を受賞するなど高く評価されている。Xフォロワー数11万人、YouTubeチャンネル登録者18.7万人(2024年4月現在)。
X：@koheinishizaki
Youtube：https://www.youtube.com/@koheinishizaki
TikTok：https://www.tiktok.com/@koheinishizaki

LEVEL ZERO

Editor Support：山守 麻衣

Main Story Designer：廣瀬 梨江

Graphic Members：池田 亮、小原 御佑、田原 莉奈、大久保 恵夢

Web Members：西川 寛喜、峰 有希、田原 莉奈

Editor：荒川 三郎

Special Thanks：TOMORROWGATE All Members

レベルゼロ
自分《じぶん》を超《こ》え続《つづ》ける「仕事《しごと》の教科書《きょうかしょ》」

2024年5月27日　初版発行

著者／西崎《にしざき》 康平《こうへい》

発行者／山下　直久

発行／株式会社KADOKAWA
〒102-8177　東京都千代田区富士見2-13-3
電話　0570-002-301(ナビダイヤル)

印刷所／TOPPAN株式会社
製本所／TOPPAN株式会社

●お問い合わせ
https://www.kadokawa.co.jp/（「お問い合わせ」へお進みください）
※内容によっては、お答えできない場合があります。
※サポートは日本国内のみとさせていただきます。
※Japanese text only

定価はカバーに表示してあります。

ISBN 978-4-04-606807-1 C0030